新时代中华传统文化知识丛书

中国古代战役

李燕　罗日明　主编

应急管理出版社

·北京·

图书在版编目（CIP）数据

中国古代战役 / 李燕，罗日明主编. -- 北京：应
急管理出版社，2025. --（新时代中华传统文化知识丛
书）. -- ISBN 978-7-5237-0732-6

Ⅰ. E291

中国国家版本馆 CIP 数据核字第 2024EU9996 号

中国古代战役（新时代中华传统文化知识丛书）

主　　编　李　燕　罗日明
责任编辑　姜　婷
封面设计　薛　芳

出版发行　应急管理出版社（北京市朝阳区芍药居 35 号　100029）
电　　话　010 - 84657898（总编室）　010 - 84657880（读者服务部）
网　　址　www. cciph. com. cn
印　　刷　天津睿意佳彩印刷有限公司
经　　销　全国新华书店

开　　本　710mm×1000mm¹⁄₁₆　印张　9　字数　100 千字
版　　次　2025 年 3 月第 1 版　2025 年 3 月第 1 次印刷
社内编号　20231603　　　　　　定价　39.80 元

战争是人类历史的重要组成部分，它不仅对经济和文化发展产生深远影响，还对军事技术和战略战术的发展具有推动作用。

古代中国经历了无数场战役，每一场战役都有其独特的发生背景、产生原因和影响。春秋战国时期，中国进入了一个分裂与战争的时代，这个时期的著名战役有城濮之战、桂陵之战、长平之战等。秦汉时期，中国实现了统一，这个时期的著名战役有巨鹿之战、马邑之谋、漠北之战等。三国两晋南北朝时期，中国陷入了分裂—统———分裂的局面，这个时期的著名战役有官渡之战、赤壁之战、淝水之战等。隋唐时期，中国再次实现统一，这个时期的著名战役有隋征高句丽之战、唐灭高句丽之战等。宋元时期，著名的战役有东京之战、郾城之战、襄阳之战等。明清时期，内忧外患不断，这个时期的著名战役有台州之战、郑成功收复台湾、雅克萨之战等。这些战役推动了中国历史的发展，对中国历史产生了深远的影响。

中国古代战役不仅受到当时社会政治、经济和文化的影响，还与特定历史时期的军事技术和战略战术有关。通过了解古代战役，我们可以更好地理解中国历史的发展和演变；通过了解古代战役，我们可以领略到中国古代的军事智慧；通过了解古代战役，我们可以认识到战争的多面性。

　　为了让读者更好地了解我国古代战役，本书选取了一些经典战役进行介绍，在介绍战役过程的同时，还阐述了战役发生的历史背景和产生的影响，力求为读者全方位地呈现古代战役知识。

目 录

第一章　探秘古代战役

一、兵法韬略 / 002

二、辅战工具 / 006

三、通信方式 / 009

四、作战形式 / 012

第二章　先秦时期的著名战役

一、牧野之战 / 018

二、城濮之战 / 020

三、桂陵之战 / 023

四、长平之战 / 026

五、秦灭六国之战 / 029

第三章 秦汉时期的经典战役

一、巨鹿之战 / 034

二、垓下之战 / 037

三、马邑之谋 / 040

四、漠北之战 / 044

五、昆阳之战 / 047

第四章 三国两晋南北朝时期的经典战役

一、官渡之战 / 052

二、赤壁之战 / 055

三、夷陵之战 / 058

四、晋灭吴之战 / 061

五、淝水之战 / 064

六、沙苑之战 / 067

第五章　隋唐时期的经典战役

一、隋灭陈之战 / 072

二、隋征高句丽之战 / 075

三、李渊攻取长安之战 / 079

四、唐灭高句丽之战 / 082

五、睢阳之战 / 085

第六章　宋元时期的经典战役

一、澶州之战 / 090

二、东京之战 / 093

三、郾城之战 / 096

四、钓鱼城之战 / 099

五、襄樊之战 / 101

六、崖山之战 / 104

第七章 明清时期的经典战役

一、鄱阳湖之战 / 108

二、台州之战 / 111

三、萨尔浒之战 / 114

四、松锦之战 / 117

五、山海关大战 / 120

六、郑成功收复台湾 / 123

七、雅克萨之战 / 127

第一章

探秘
古代战役

一、兵法韬略

> 兵法韬略是指用兵作战的方法、策略，它源于战争，又被用于不同的战争中。古代战争频繁且惨烈，战争方面的经验丰富、教训深刻，因此，兵法韬略成为军事家研究的重要对象。

中国古代战争频繁，一些战争的情况被收录到《左传》《战国策》等古代典籍之中，成为后世研究古代战争的珍贵史料。

春秋战国时期，各诸侯国为了扩张地盘，不断发动战争。与此同时，兵家开始总结战争经验，提出兵法学说。这就是古代兵法韬略的起源。

古人所说的"兵家"，既可以指代用兵者，也可以指代军事家。兵家通过经验和教训总结出的制胜之道，便是兵法韬略。

中国古代战争频发，所以中国古代的兵学也比较发达。当时，不仅兵家编著兵书，诸子百家各个流派中也有人编纂关于兵学的内容，比如，《老子》《韩非子》《鬼谷子》《管子》等诸子著作中就都包含兵学的内容。

中国古代兵书种类繁多，内容丰富。据《汉书·艺文志·兵书略》记载，汉代以前的兵书有五十三种，共七百九十篇，分为兵形势、兵技巧、兵权谋和兵阴阳四类，对每一类都有详细的论述。

古代兵学

汉到隋唐是中国兵书的发展期，这一时期的兵书有《黄石公三略》《唐太宗李卫公问对》等。《黄石公三略》的主题与先秦兵法不一样，先秦兵法主要讲夺天下、取天下，而《黄石公三略》讲安天下、治天下。《黄石公三略》中很少涉及作战指挥，主要强调治理军队，尤其是要处理好君王和将帅的关系问题。魏晋到隋唐期间发生了多次战争，一些兵书研究的内容也发生了变化，开始注重研究具体的战役。例如，《唐太宗李卫公问对》用真实的战例来印证《孙子兵法》中的策略，将其原则具体化、细节化，即"分别奇正，指画攻守，变易主客，于兵家微意时有所得"。

宋代虽推行"重文轻武"，但也非常注重对兵学的研究。北宋时期，曾公亮和丁度编纂了《武经总要》，这是我国历史上第一部官修兵书。后来，朝廷又专门发布了一套兵法丛书，由《孙子兵法》《吴子兵法》《六韬》《司马法》《三略》《尉缭子》《唐太宗李卫公问对》七部著名兵书汇编而成，合称《武经七书》。这套书成为北宋时期官方发布的兵学教科书。这七部兵书中，以《孙子兵法》最具代表性。事实上，自《孙子兵法》问世起，几乎历朝历代的人都将它看作兵书圣典。

中国古代兵法韬略主要研究用兵作战。它涉及以下三方面内容：

1. 兵谋内智

兵谋内智要求带兵的将领具备足够的谋略智慧。如果一个人只有匹夫之勇，没有统领大局的智慧，那他就无法在战争中领兵取胜。除了统领大局的智慧，将领还要有坚定的意志，有杀伐决断的果敢，有严明公正的理性，这样才算是一名合格的将领。

2. 用兵原则

用兵的原则，是指军事行动中运用军队、制定战略战术、指导作战等方面的指导思想，旨在确保作战行动的有效性，进而最终取得胜利。"避实而击虚""以正合，以奇胜""知彼知己，百战不殆""致人而不致于人""十则围之"等，都是常见的用兵原则。

3. 实际用兵

实际用兵包括确定具体目标，制定战术，合理分配兵力，获取情报，保障后勤，实施进攻和防守战术、迎战和撤退策略等。

总而言之，兵法韬略有基本的原则，但战场上变化万千，运用兵法韬略需要灵活机变。兵法韬略是古代战争经验的总结，对战争的结果和历史的发展产生了深远的影响。

二、辅战工具

"鼓""金""旗"这三种东西，具有指挥、联络等作用，是古代战争中必不可少的辅助工具。

古代典籍中有"一鼓作气""旗鼓相当""鸣金收兵""旗开得胜"等成语，"鼓""金""旗"是古代战争中必不可少的辅助工具。

鼓在古代战争中具有鼓舞士气、指挥进攻的作用。"一鼓作气"这个成语，说的就是第一次击鼓可以鼓舞士兵的士气。关于鼓的指挥进攻作用，史书中有很多记载，最著名的就是孙武练兵。春秋时期，吴王阖闾请军事家孙武当众展示排兵布阵之道，对象是宫中一百八十名宫女妃嫔，其中包括两名吴王很宠爱的妃子。孙武将这些人分为两队，让吴王的妃子当队长。孙武向她们交代了演练的内容和要点，以鼓声为令，列队操练。但当鼓手击鼓发令时，宫女妃嫔互相打闹，乱作一团。孙武再三命令，依然无效，于是命人将两队的队长斩首。之后，当战鼓再次擂响时，两支队伍就令行禁止，操练井然有序了。

在古代战争中，"金"是命令士兵撤退的工具，成语"鸣金收兵"便体现出"金"的这一作用，这个成语出自《荀子·议兵》："闻鼓声而进，闻金声而退。"击金可以表示退兵，也可以代表免战。所以，在古代战事中，如果一方不想开战，也可以通过击打金的方式，请求免战。

应用于古代战争的旗帜有很多种，比如号旗、联络旗、将旗、牙旗等。这些旗帜各有各的用处，其中携带量最大的当数号旗。号旗既能指挥军队，又能给己方士兵以精神上的鼓舞，是古代战争中一种非常重要的旗帜。

古代帅旗

联络旗用于保持前军与后军之间的联系。不同颜色的联络旗代表不同的含义：前方部队遇到障碍需要开道时，士兵会举起青旗；部队进入地势险要的高山密林时，士兵会挥舞赤色旗帜，警示敌人可能会火攻；遭遇敌军，需要迅速集结迎战时，士兵就会举起白旗（值得注意的

是，白旗在近代更多表示休战或投降）；如果行军路线上
出现沼泽、溪流等，士兵就会举起黑旗，提醒后方部队小
心前进；如果行进道路平坦无阻，士兵会挥舞黄旗，表示
可以继续前进。

将旗用于代表军队的五大营：红旗代表前营，黄旗代
表中营，蓝旗代表左营，白旗代表右营，黑旗代表后营。
将领在战场上挥动某阵营的旗帜，该阵营的士兵会立刻
迎战。

与号旗类似的旗帜是牙旗。牙旗是全军的标识旗，通
常会在全军主帅的身边。牙旗高举，代表主帅无恙，所以
牙旗也代表了全军的灵魂。在靖难之役中，明成祖朱棣与
李景隆进行了一场大战。交战过程中，朱棣的军队逐渐处
于下风，就要坚持不住了。就在这时，一阵大风把李景隆
的牙旗给吹倒了。李景隆一方的士兵一看主帅的旗帜倒
了，纷纷高喊"将军已死"，四散奔逃。可见，牙旗对战
局的影响非常大。

战局变幻莫测，战机转瞬即逝。有了"鼓""金"
"旗"这些辅战工具，将领才能更好地指挥作战，从而掌
控战局。

三、通信方式

及时、准确的通信是在战争中取胜必不可少的条件。虽然古代科技相对落后，但人们在实战中不断探索，研究出了多种通信方式。

古语云"军令如山"，可是在没有电话、传真机等现代通信设备的情况下，古代人是如何传达军事消息的呢？

烽火是古代传递军事消息的一种方式。据传，西周末年，周幽王宠爱"冷美人"褒姒，可是他想尽种种办法都没能让褒姒露出笑容。一日，他想到一个逗笑褒姒的方法：点燃烽火。各路诸侯见烽火燃起还以为有敌人来犯，于是火速前来支援；赶到后，却发现这一切都是周幽王取悦美人的骗局。褒姒看到这乱哄哄的场面果然笑了。从此以后，周幽王的烽火信号也失去了公信力。当敌人真的来犯时，各路诸侯没有前来支援他。最后，西周王朝灭亡了。

从西周到清朝，烽火一直是传递军事消息的重要方式。不过，这种通信方式只能起到示警作用，以及传递简单信息，无法传递复杂信息。所以，古人还创造出其他通信手段。

驿站传信是古代战争中最常使用的一种通信方式。从周朝开始，朝廷专门设置了负责传递消息的驿站。如果有特别紧急的消息要传递，可以使用"八百里加急"。驿卒会一站一站地运送消息，马累了就更换马匹，直到把消息送到为止。

飞鸽传书也是古代传递军事消息的一种方法。人们将消息载体绑在鸽子的腿上，让鸽子带着它飞往目的地。到了唐宋时期，飞鸽传书这种通信方法被广泛使用。信鸽凭借其卓越的飞行技巧和记忆能力，能够将消息载体较快地运至遥远的地方，并且在传递消息时不需要经多人转手，比驿站传信更具保密性。飞鸽传书有一些优势，也存在一些劣势，比如，传递消息存在较多不确定因素，仅能在两个固定地点之间传递消息等。

古人还曾使用风筝来传递消息。楚汉相争时，刘邦围困项羽于垓下，韩信向刘邦建议用绢帛和竹木制作大型风筝，在上面装上竹哨，于晚间放到楚营上空。风筝在空中会发出呜呜的声响，同时汉军在地面上高唱楚歌，这二者引发了楚军的思乡之情，从而瓦解了楚军的士气，最终使汉军赢得了战事的胜利。唐朝末年，叛将田悦带兵至临安城下，守将张全率军顽强抵抗。但是时间久了，张全怕孤城难守，于是把求援的书信绑在风筝上送出城外。最终，绑有书信的风筝引来了救兵，临安城得以解围。

　　总之，在没有现代通信设备的情况下，古人运用智慧和经验创造了多种传递军事消息的方法，并且把它们灵活运用在战争中。

四、作战形式

古代的作战形式主要有陆战、水战两种。陆战包括步战、车战与骑战，水战则是指以战船为载体，发生于水面的战斗。

在夏、商、周三代，作战形式主要是车战。周代的开国战争"牧野之战"中，精良的战车就是周军获胜的重要因素之一。后来，周武王攻克商都后，又率军讨伐殷商各部，缴获了许多战车，这些战车也成为周代统治者维护王权的重要工具。

春秋时期，各诸侯国都制造了数量庞大的战车。公元前529年，晋国召集其他诸侯国

战车

在平丘会盟，商量讨伐鲁国的对策。当时，晋国为了宣扬国威，甚至出动了"甲车四千乘"，可见当时战车的流行程度。

北方的山戎多次劫掠晋国边境，晋国决定攻打山戎。公元前541年，晋国派魏舒率军进攻山戎，双方在大原相遇。大原地形险狭，道路崎岖。山戎都是步兵，适合这样的作战环境，而晋军的战车在山地作战比较困难，难以取胜。魏舒分析了敌我情况后，命令战车上的士兵都下来，大家都当步兵。晋军以步兵方阵迎战山戎，山戎军队耻笑晋军行为失常，魏舒利用敌军的骄傲和麻痹，趁其不备，挥军出击，最终取得了胜利。

这场战役是著名的步战实例，《左传》总结晋军在这场战役中取得胜利是因为"崇卒也"，就是崇尚步兵。这场战役带来了中国古代军事史上的重大变革，使作战方式从车战向步战转变。

战国初期，魏国的步兵天下闻名，这是魏国成为这一时期霸主的重要原因之一。一百多年后，赵国边境被狄戎等侵扰，赵国深受其苦，而赵国传统的战车、步兵在与灵活的胡人骑兵作战时总是处于劣势。为了改变这一状况，赵国国君赵武灵王在国内进行了一场军事改革，即"胡服骑射"。他削减了车兵，增加了骑兵，并要求士兵改穿胡人服装，以便进行骑射。赵国有了一支强大的骑兵后，成为战国后期的军事强国之一，骑战也由此逐渐成为一种作战形式。

赵国骑兵击败了林胡、楼烦等部落，赵将李牧用万余骑兵配合步兵、战车大破匈奴。其他诸侯国见识到了赵国骑兵的优势后也开始组建自己国家的骑兵，其中秦国骑兵以精良著称。在长平之战中，秦国大将白起用精锐骑兵截断赵军，对秦国取得这场战役的胜利起到了关键的作用。

到了汉朝，汉武帝大力发展骑兵，曾派数万骑兵主动出击匈奴。卫青、霍去病等多次率骑兵出战，采用迂回包抄、深入敌后等战法击败匈奴。

春秋战国之前，战争主要是在中原进行，以车战、骑战、步战为主，早期水军的作用是协助渡河。春秋战国时期，南方的吴国、楚国、越国崛起，水战开始出现。西汉时期，杨仆被汉武帝任命为楼船将军，统领水军，曾平定南越。三国时期的赤壁之战是中国历史上第一次大规模水战。这次水战不仅决定了战局，也改变了三国历史的发展。

宋代以后，水军发展很快，也发生过很多大型水战，例如鄱阳湖水战、郑成功收复台湾之战等。鄱阳湖水战是元朝末年朱元璋和陈友谅为争夺鄱阳湖水域而进行的一次战略决战，以朱元璋的完全胜利而告终。这次战役是当时世界上规模最大的水战，也是中国水战史上以少胜多的著名战例。

第二章

先秦时期的
著名战役

一、牧野之战

牧野之战是周武王率领联军与商朝军队在牧野进行的一场决战。这场战役的结果是商纣王兵败，商朝灭亡。

商朝末年，商纣王荒淫无道，残杀重臣，使得诸侯叛离。当时，有个叫周的诸侯国与商朝的情况截然相反，周文王采取仁政，重用贤能，周国日益强盛起来。

很多诸侯叛商投周，成为后来周国伐商的重要力量。可是，商朝有六百余年的根基，实力仍然很强大，周文王还无法动摇商朝的根基。周文王去世后，其子姬发继承王位，史称周武王。

周武王即位后，一边增强本国的军事力量，一边广泛联系诸侯起兵伐商。在姜尚和周公旦的辅佐下，周武王做好了与商朝决战的准备。很快，周武王亲率大军挥师东进。大军行至孟津，不少诸侯不约而同地从各地前来会合，共同举兵伐纣。

商纣王听闻周武王与众诸侯谋反，决定调回与淮夷作战的主力军队。可商朝主力军队深陷战场，一时之间难以调回。无奈，商纣王只好用奴隶与囚犯组成临时武装迎战周武王。最终，商、周双方在牧野附近相遇，殷商军队驻扎在牧野的东北方，周武王军队则驻扎在牧野的西南方。

这场大战，一触即发。殷商军队中的奴隶与囚犯明白让他们上前线就是让他们去送死，于是直接倒戈，与周军一起进攻商朝的残余军队。商朝军队被冲击得节节败退，商纣王见大势已去，便逃回朝歌，登上奢华的鹿台，举火自焚，商朝灭亡。

牧野之战是我国古代战役中以少胜多的著名战例，它不仅确定了周王朝对中原地区的统治地位，也对后世产生了深远的影响。此外，牧野之战中体现出的战术与谋略，也对后世军事思想的发展具有不可估量的价值。

二、城濮之战

城濮之战，是公元前632年，晋、楚两国在卫国城濮地区进行的一场大战。这场战役确定了晋文公的霸主地位，也产生了一个著名的成语——"退避三舍"。

说起城濮之战，就不得不先提晋国的公子重耳。当时，晋国发生了内乱，重耳被迫逃亡，辗转多国后来到楚国，楚成王很热情地接待了他。

在一次闲聊中，楚成王问重耳："将来你要是能回到晋国当国君，要如何报答我？"重耳义正词严地回答道："金银财宝这类东西，想必楚国都不缺。我只能许诺大王，如果日后两国刀兵相见，我一定退避三舍来还您的恩情。"公元前636年春，重耳在秦国的帮助下重回晋国，成为晋国的国君，也就是晋文公。公元前633年，楚国发兵攻打宋国，宋国派人向晋文公求救。晋文公既想救宋国又不想与楚国发生冲突，于是一边替宋国出主意，一边出兵灭掉曹国和卫国，然后将一部分曹国和卫国的土地分给宋国以弥补其损失。

楚成王得知晋文公想去救援宋国，就命楚国大将子玉知难而退，不要与晋国军队交战。可是，子玉贪功心切，派人向楚成王求战。楚成王很不高兴，但还是给了他部分军队。

子玉派使者给晋文公传话，说只要他放了曹国和卫国的国君，楚国就不再攻打宋国。然而，晋文公不仅扣下了楚国的使者，还对曹国和卫国的国君许诺说允许他们复国，只要曹国和卫国与楚国划清界限。子玉得知消息后非常生气，立刻率领军队直逼晋师。

晋国将士不忿，纷纷请战，晋文公却让军队往后撤了三舍。将士们既疑惑又愤怒，晋国重臣狐偃对将士们说："当初我们国君受过楚王恩惠，现在理当奉还。出兵讲究理直，理直才能气壮，如果我们撤了三舍，他们依然紧逼不放，那就是他们理亏了。"听了狐偃的一番话，将士们恍然大悟。果然，子玉率领楚军追了上来。晋军在城濮严阵以待。两军相交，晋军冲击楚军右翼，楚军右翼溃败。子玉令楚军左军攻击晋军，结果左军又被击溃。城濮一战，楚军大败，子玉羞愤自杀。

之后，晋军进入郑国，并在践土修筑周王的行宫，向周襄王献俘。周襄王策命晋文公为"侯伯"，并授予晋文公"敬服王命，以绥四国，纠逖王慝"的任务。晋文公在"尊王"的旗帜下，顺理成章地登上了霸主宝座。

三、桂陵之战

桂陵之战是战国时期齐国围魏救赵的战役。这场战役中，孙膑在桂陵设伏，大败魏军，生擒庞涓。

战国初期，周王室衰微，对诸侯的控制力逐渐减弱，各诸侯国为了争夺土地等不断进行兼并战争。当时，魏国经过魏文侯的改革逐渐强大起来。魏惠王时期，魏国国力强盛，企图重建春秋时期晋国的霸业，将都城从安邑迁至大梁，这一举动引起了其他诸侯国的戒备。赵国不愿坐视魏国扩张，危及自身安全，于是向齐国、宋国等国示好，最终与其确立了联盟关系。

公元前354年，为了削弱魏国的势力，赵国进攻依附于魏国的卫国。魏国因此包围了赵国都城邯郸。公元前353年，赵国派使臣向齐国求救。齐王立刻和臣子讨论救援赵国的方案。最终，他决定兵分两路，一路人马围攻魏国的襄陵，以疲劳魏军，一路人马救援赵国。

　　救援赵国的队伍由田忌和孙膑带领。临行之前，齐王打算让孙膑担任主将，孙膑以身体有残疾为由拒绝了。孙膑曾遭受过酷刑，双腿的膝盖骨被挖掉，不能骑马，只能坐车跟从。于是，齐王拜田忌为主将，孙膑为军师。

　　两人带兵来到齐、魏两国边境后，田忌想直接去和魏国主力军队交战，却被孙膑阻拦。孙膑对田忌说："魏国攻打邯郸，历时长久，必定把大部分兵力投到邯郸战场上，魏国国都肯定疏于防范。我们不如声东击西，直接包围魏国的国都，迫使魏国军队回防。如此一来，赵国就能获救了。"听完孙膑的计策，田忌立刻就同意了。

田忌与孙膑

　　为制造齐军无能的假象，迷惑魏军，齐军先南下佯攻魏国的平陵，果然攻打平陵的齐军大败。之后，孙膑让田忌派出轻装战车，直捣魏国都城大梁的城郊。庞涓听说大梁告急，当即决定从邯郸撤离。他自恃魏军战力强盛，将主力放在后方，只率领一支轻装精锐部队火速赶往大梁。齐军主力却早已在桂陵设下埋伏，只等魏军经过。结果，魏军因长期在外作战，已疲惫不堪，加之长途跋涉，士气低迷，在遭遇埋伏后，溃不成军，主帅庞涓被生擒。至此，桂陵之战以齐军大获全胜告终，邯郸之围得以解除。

桂陵之战中，孙膑正确分析了局势，选择了恰当的作战方法，其出色的军事才能是齐国获胜的重要原因。孙膑提出计策，田忌能虚心听取，为将者和睦也是齐国在桂陵之战中取得胜利的原因。

桂陵之战是中国战争史上的著名战例。孙膑用奇袭魏国都城的办法来解除邯郸的围困，这被后来的军事家列为三十六计中的重要一计。

四、长平之战

长平之战是秦国与赵国在长平一带发生的一场战役，结果以赵国军队的失败而告终。长平之战是一场大型歼灭战，是春秋战国时期规模最大、伤亡最惨重的战役。

公元前262年，秦国攻打韩国，占据野王，使得上党郡与韩国隔绝开来。韩国国君想要将上党郡献给秦国，以请求秦国息兵。上党郡郡守冯亭不想屈服，于是献地给赵国，希望利用赵国的力量抗击秦国。赵国接受上党郡献地，引起秦国不满，秦国决定出兵攻赵。

公元前260年，秦军向长平的赵军发动进攻，赵王命令老将廉颇率军迎战。没过多久，秦军攻破赵军的阵地，占据了都尉城和故谷城这两个重要据点。

赵军接连失利，廉颇命令士兵依托有利地形固守不出，想等秦军人困马乏时再进行反击。赵王以为廉颇惧战，非常不满，几次派人责备廉颇，并催促廉颇迎战。秦国丞相范雎派人到赵国实行反间计，用重金收买赵国官员，并散布流言："廉颇很容易对付，秦国根本不怕廉颇，秦国怕的是马服君赵奢的儿子赵括。"

很快，流言传到赵王耳中，他立刻决定换掉廉颇，让赵括接替廉颇担任主将。赵王问赵括："你能打败秦将王龁吗？"赵括满不在乎地说："如果秦国派白起来，我可能要费点力气才能赢。但如果秦国派来的大将是王龁，那我绝对能赢。"赵王一听大喜，不顾众臣劝阻，坚决用赵括替换掉了廉颇。

秦昭王得知赵国用赵括换掉了廉颇，立即派白起去往前线，替换王龁。同时，秦昭王命令军中不许走漏换将消息，违令者格杀勿论。

赵括

白起到了前线后，先让前线秦军佯装败退。赵括不知是计，立即命令赵军乘胜追击。赵军追到秦军营地附近，白起让一支部队突袭赵军后方，截断其后路。同时，他让一支部队切断赵军粮道。然后，白起派轻装精兵向赵军发动攻击。赵军数战不胜，发现中计被围，只能被迫就地扎营，转攻为守，择机突围。

秦军围困赵军一月有余，赵军人饥马饿，惶惶不可终日。赵括派兵突围了数次，但每次都以失败告终。最后，赵括只好亲率精锐部队，强行突围，结果被一阵乱箭射死。赵军见主将已亡，纷纷向秦军投降。

白起看着赵军的众多战俘，对左右说："赵国士兵反复无常，如果不全部诛杀，怕日后反生事端。"于是，白起命人将赵国战俘全部杀死，只留下数百名年纪尚小的士兵回赵国报信。

长平之战中，秦军先后斩杀赵国士兵四十余万，这场战役成为春秋战国时期规模最大、伤亡最为惨烈的战役。经此一战，赵国元气大伤，再也没有能力与秦国抗衡，最终被秦国吞并。

五、秦灭六国之战

　　秦王嬴政亲政后，在李斯、尉缭等人的协助下制定了"灭诸侯，成帝业，为天下一统"的策略，实施远交近攻、逐个击破的措施。从公元前230年至公元前221年，秦国先后消灭韩、赵、魏、楚、燕、齐六国，实现了统一，中国自春秋以来长达五百多年的诸侯割据纷争的局面至此结束。

　　公元前260年，秦国和赵国之间爆发长平之战。赵国向齐国请求军粮援助，有政治远见的大臣都劝齐王援助赵国，否则以后齐国也会遭殃，齐王却没有采纳这个建议。公元前247年，秦国大举进攻魏国。魏国信陵君向列国求援，赵、韩、楚、燕纷纷出兵救魏，齐国却不派兵。信陵君率领五国联军于黄河以南大败秦军，秦将蒙骜战败而逃。之后，各诸侯国再次联合对秦作战，齐国也置身事外。

公元前238年，秦王嬴政开始亲政，并定下了灭六国、一统天下的目标。韩国在七国中最小，所处位置却最重要。它扼制秦由函谷关东进之道路，秦要并灭六国，必须首先灭韩。秦国多次进攻韩国，吞并韩国的土地，并于公元前230年灭韩。接下来，秦国出动南北两路大军攻打赵国。公元前228年，赵国大军被秦将王翦击败，赵王向秦军投降，赵国事实上已经灭亡。然而，赵国公子嘉逃到代地，自立为代王。公元前222年，秦将王贲攻破代城，赵国彻底灭亡。

赵国灭亡后，秦国想立即南下灭楚，但中间隔着魏国，于是决定先灭魏、再伐楚。公元前225年，魏国灭亡。紧接着，秦国大举进攻楚国，楚将项燕率军顽强反击。秦国兵败后，换将再攻。最后，楚军被王翦率领的秦军击败，项燕被杀。王翦率兵攻陷楚都寿春，楚国灭亡。接着，秦国派王翦等率军攻打燕国，秦军和燕国与代王嘉的联军在易水以西相遇，秦军击败联军，进围燕都，燕王喜与太子丹逃往辽东。秦将李信带兵追击至衍水，再次击败太子丹军。代王嘉送信给燕王喜，说秦军紧追不舍是因为太子丹曾命荆轲刺杀秦王，建议燕王喜将太子丹首级献予秦国求和。燕王喜相信了他的话，斩杀了太子丹，但是秦国没有停止灭燕，只是考虑到燕赵残余势力已不足为惧，并且需要集中兵力攻打魏、楚两国，所以暂时罢兵。公元前222年，秦国又派王贲率军进攻辽东，燕王喜被俘，燕国彻底灭亡。

在秦攻打韩、赵、魏、楚、燕时，齐国坐视各国相继灭亡。齐国由于与秦国没有共同边界，没有被战争波及，国家长期处于和平环境，不备兵革，不修战备。秦国灭了五国后，齐王才感受到秦国的强大威胁。

公元前222年，秦国完全消灭了赵、楚、燕三国的残余势力。齐国成为六国中唯一尚存的国家，也是秦国最后进攻的目标。面对严峻的形势，齐国即墨大夫向齐王献计：齐国实力尚存，军队完好，君臣一心，组织全国军民，尚足以一战；此外，不愿投降的各国大夫大多躲在齐国，可以联合这些人一起抵抗秦军。然而，齐王没有采纳即墨大夫的建议。

公元前221年，秦王嬴政以齐国拒绝秦国使者为由，命王贲率军南下攻齐。王贲吸取灭楚时轻敌的教训，避开齐国大军的正面，率军从燕国南部地区进入齐境。秦军一路势如破竹，直抵齐都临淄。秦国派使者劝说齐王，只要他愿意投降，秦国将拿出五百里地，让他做一个封君。齐相后胜也不断劝说，齐王信以为真，不战而降。齐国军民看着秦兵进入临淄，没有人敢抵抗。秦国顺利灭齐，并在齐地设置齐郡和琅琊郡。

至此，秦灭韩、赵、魏、楚、燕、齐六国，统一了中国，建立了中国历史上第一个中央集权的大一统国家。秦朝的统一使人民有了一个比较安定的环境从事生产。秦朝推行了许多消除分裂因素的措施，为中国长期的统一奠定了基础。

第三章

秦汉时期的经典战役

一、巨鹿之战

秦朝末年，项羽率领数万楚军与秦朝大将章邯、王离所率的四十万大军在巨鹿进行决战。这也是中国历史上著名的以少胜多的战役之一。

公元前209年，陈胜、吴广发动起义。陈胜自立为王，国号张楚。很快，秦国各地都发生起义，一些人打着恢复六国的旗号，自立为王。陈胜派起义军进攻关中，秦二世派章邯率军镇压，起义军被打败。陈胜被杀后，项梁成了起义运动中的领军人物之一。

项梁是楚国人，是项羽的叔父。公元前208年，章邯在一场战役中击败并杀死了项梁。章邯取胜后，认为楚地已经不足为虑，于是渡过黄河，与王离率领的二十万大军会合，一起攻打赵地。赵地守军根本不是章邯的对手，赵王歇赶紧派人向楚义帝熊心等诸侯王求援。

接到消息后，楚义帝决定兵分两路：一路以宋义为上将军，项羽为次将，范增为末将，前往巨鹿迎战章邯、王离；另一路以刘邦为上将军，进攻关中。临行前，楚义帝许诺，两支军队，谁先攻下关中，谁就是关中王。

宋义率军行至安阳后便止步不前，非要等秦赵两败俱伤后再出兵。项羽十分愤怒，于是杀死了宋义。之后，楚义帝封项羽为上将军，并命英布和蒲将军带领的楚军也听从项羽的指挥。

项羽接管军队后，率军直达巨鹿以南的漳水。他先派遣英布和蒲将军率军过河，救援巨鹿，随后，亲自率军渡过漳水。渡漳水之后，项羽命令全军砸破做饭用的锅，把舟船凿沉，烧掉帐篷，只带三日的干粮，以表明不胜则死的决心。在项羽的感染下，全军斗志昂扬。

破釜沉舟

当时，章邯正率军保护甬道。项羽率军攻杀，击败了章邯。随后，项羽又包围了王离的军队，切断了他们的粮道。经过激烈的战斗，围困巨鹿的秦军被项羽击败，将领王离被生擒，苏角被杀，涉间自杀。章邯后来率领二十余万兵士在殷墟投降。

打败了秦军后，项羽召见各路诸侯的将领。这些将领进入辕门时，都不自觉地跪地前行，不敢仰视项羽。从此，项羽威名远播。

巨鹿之战是秦末农民起义战争中的一场巨大胜利。在这场战役中，楚军一鼓作气击溃了秦军主力，扭转了整个战局，为后期反秦斗争的胜利奠定了基础。经此一役，秦朝变得名存实亡。

二、垓下之战

垓下之战是项羽率领的楚军与刘邦率领的汉军在垓下进行的一场战略决战。这场决战的结果是项羽战败，自刎于乌江，刘邦获胜，于汜水北岸称帝。

秦朝灭亡后，项羽自封"西楚霸王"，定都彭城；刘邦被封为汉王，统治巴蜀和汉中一带。刘邦在巴蜀、汉中逐渐积累了实力，采用韩信的计谋，派兵击败雍王、塞王、翟王，吞并三秦，控制关中。随后，刘邦挥军东进。公元前205年，楚、汉两方在荥阳展开争夺战。公元前203年，双方相约以鸿沟为界，中分天下，鸿沟而西者为汉，鸿沟而东者为楚。

公元前202年，刘邦采纳张良、陈平的建议，撕毁和约，乘项羽领军东归之机，向楚军发起进攻。汉军追至阳夏南时，刘邦约韩信、彭越南下，合围楚军。韩信和彭越未如约出兵，导致刘邦兵败被围。

刘邦问张良，韩信、彭越不按约定出兵，该怎么办。张良建议给二人分封土地。刘邦依张良意见行事，才使得他们二人率军南下。同时，刘贾联合英布自淮地北上。至此，五路大军共同发动对楚军的进攻，与项羽在垓下决战。

韩信先率大军与项羽交锋，不胜，向后退却。孔藂、陈贺又从左右两边攻击楚军，韩信乘势再次攻上去，大败楚军于垓下。

彼时，楚军可谓陷入绝地，孤立无援。夜间，汉军又高唱楚地民歌。楚军听到家乡的曲调，纷纷掩面痛哭，士气崩溃。项羽见大势已去，于是率领八百精锐骑兵连夜突围。

天明之后，汉军得知项羽突围，立刻派出五千骑兵追击。项羽渡过淮水后，逃到阴陵，因被一个田间农夫欺骗，走错了路，最终被汉军追上。项羽与汉军激战后继续向东突围，到达东城时，项羽身边仅剩下二十八骑。

项羽与仅剩的骑兵一路杀到乌江边。面对滚滚江水，项羽觉

项羽乌江自刎

得自己无颜面对江东父老，于是让跟随的骑兵全部下马，共同与汉军拼杀。最后，项羽身受重伤，自刎而死。

　　垓下之战以汉军的胜利而告终。刘邦凭借此战的胜利，夺得了天下。随着汉朝的建立，中国结束了秦朝末年的分裂局面，重新走向了统一。这对于中国历史的发展具有深远的意义，为后来政治、经济和文化的发展奠定了基础。

三、马邑之谋

> 马邑之谋是公元前133年汉军在马邑针对匈奴进行的一场诱敌歼灭战。不过，因为匈奴中途发觉，引兵退归，汉军并未完成伏击。

公元前200年，韩王信发动叛乱，并勾结匈奴进攻平城。汉高祖刘邦亲自率领大军出征讨伐。汉军前进到平城，被冒顿单于率领的四十万大军围困在白登山，这一困就是七天。其间，因为陈平给刘邦献计献策，刘邦才得以从白登山逃了出来。不过，自"白登之围"后，西汉不得不采用和亲政策来换取边境的和平。

汉武帝初期，汉朝仍采取和亲政策，但匈奴对汉朝边境的骚扰并未因此停止，和亲政策无法有效缓解边境的紧张局势。随着西汉王朝的经济、军事力量逐渐增强，汉武帝决定在军事上打击匈奴，以根本消除其对西汉王朝的威胁，确保国家边境稳定。

公元前 133 年，一个名叫聂壹（亦称"聂翁壹"）的马邑商人来找大行令王恢。他对王恢说："匈奴总是侵犯边境，实在是个祸患。不如我们把匈奴吸引过来，搞一个伏击，准能把他们一网打尽！"王恢问他："你有一定能将匈奴吸引过来的办法吗？"聂壹说道："我经常跟匈奴人做买卖，匈奴人认识我，只要我假意投诚，对单于说把马邑城献给他，他个性贪婪，肯定会过来接收马邑。"

王恢听完，上奏汉武帝。汉武帝特意召来群臣商议。御史大夫韩安国和工恢，一个主张不打，一个主张打，双方当场吵了起来。这两个人唇枪舌剑，互不相让。最后，汉武帝还是采纳了王恢的建议，准备在马邑伏击匈奴。

汉武帝派遣三十万精兵，令护军将军韩安国、骁骑将军李广和轻车将军公孙贺率领主力部队，埋伏在马邑附近的山谷中。同时，将屯将军王恢、材官将军李息率三万余人从代郡出发，准备从侧翼袭击匈奴辎重。

聂壹已经以经商为名，前去见了匈奴的军臣单于。他对匈奴单于说，自己有数百名亲信，愿意斩杀马邑县令，把马邑城献给单于，但是他害怕汉军攻打马邑，请单于一定要派大军支援自己。

军臣单于听后大喜，决定亲自率领十万大军前往马邑。行至武州塞时，他派使者先跟随聂壹入城，等使者确定聂壹杀死县令后，自己再带兵进入。聂壹与县令密谋后，决定杀掉一名囚犯，用囚犯的首级冒充县令的头颅，并将其悬挂在城门之上。匈奴使者一看"县令"已死，果然立即去向军臣单于报告。

军臣单于没有怀疑，立刻率领大军向马邑进发。可是，匈奴大军行至距离马邑百余里的地方时，军臣单于突然发现沿途有牲畜，却无人放牧，于是派人抓来一个雁门尉史询问情况。这雁门尉史禁不住威逼把汉军的计谋和盘托出。军臣单于听后大惊，立即下令撤军。

王恢得知匈奴退兵后，思索再三，觉得自己的三万人马抵挡不住匈奴的十万铁骑，只好退军。韩安国等率大军埋伏了几天，见始终没有动静，于是率军出击，结果匈奴早已没了踪影。至此，"马邑之谋"宣告失败。事后，汉武帝觉得王恢临阵脱逃，罪不可恕，将其下狱。最终，王恢自杀谢罪。

　　"马邑之谋"虽然没有成功，但使西汉结束了奉行多年的和亲政策，拉开了汉匈大规模战争的序幕。

四、漠北之战

漠北之战是汉朝军队在漠北地区对匈奴发动的一次大规模战役。漠北之战的目的是直捣单于巢穴，消灭匈奴主力。这场战役是西汉与匈奴毕其功于一役的大决战。

公元前 121 年，骠骑将军霍去病两次进军河西，使匈奴遭到了沉重打击，但匈奴的伊稚斜单于仍未停止袭扰汉朝边境城邑。于是，西汉王朝准备对匈奴发动更大规模的进攻。

公元前 119 年，汉武帝调集了十余万骑兵，由大将军卫青、骠骑将军霍去病率领，深入漠北，讨伐匈奴。为了确保漠北之战的最终胜利，汉武帝做了充分的准备，除骑兵外，还调集了十几万匹马，用于作战和运输，以及数十万步兵，负责运送辎重，保证后勤供给。

原本，汉武帝计划由霍去病率军直攻伊稚斜单于，卫青率前将军李广、后将军曹襄、右将军赵食其、左将军公孙贺从代郡出发，攻打匈奴左贤王部。队伍出发后，他们得知伊稚斜单于已往东迁徙。于是，霍去病与卫青互换了出兵路线，由卫青从定襄出兵，直击伊稚斜单于。

得知汉军浩浩荡荡前来，伊稚斜单于命人把将士们的家眷及金银细软转移到遥远的北方，他则亲自率领匈奴的精兵到大漠以北等候汉军。

很快，卫青大军与伊稚斜单于军相遇。卫青见匈奴大军早有准备，便先下令使用武刚车（四周及车顶以厚皮革覆盖，用于防护的战车）环绕为营，然后派出一支五千人的骑兵，向伊稚斜单于发起突击。当时正值黄昏，大风刮起，沙石扑面，两军都看不见对方。卫青急忙派士兵从左右两侧包抄伊稚斜单于军侧翼。伊稚斜单于见势不妙，率领几百精骑向西北方向逃跑。此战，卫青军虽未歼灭伊稚斜单于，但歼敌将近两万，缴获辎重无数。

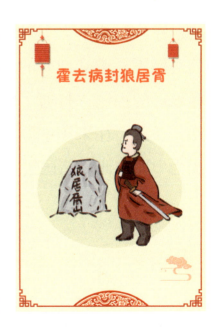

霍去病封狼居胥

霍去病率军往北穿越大漠，突然遭遇匈奴的左贤王部。霍去病抓住战机，指挥汉军对左贤王部发起猛烈攻击。此战，霍去病俘获了屯头王、韩王等三人，将军、相国、当户、都尉等八十三人，共俘获和斩杀敌军七万多人。这一战让匈奴的左贤王部损失殆尽。左贤王率亲信逃走，霍去病仍然紧追不舍，一直追到狼居胥山，在山上举行了祭天封礼，史称"封狼居胥"，又在姑衍山举行了祭地禅礼，直到登上瀚海旁的山峰才还师回朝。

漠北之战是汉武帝时期汉朝对匈奴发起的规模最大的一场战役。这场战役后，匈奴元气大伤，只能往沙漠更深的地方撤去，一时间"漠南无王庭"。从此之后，匈奴实力日渐衰落，不再是汉朝军队的对手。

漠北之战是中原军队在草原地区进行的一次成功作战，在中国战争史上具有极高的地位。这场战役之后，汉朝边城不再遭受匈奴的侵扰，同时汉朝加强了对河西走廊等地区的控制，打通了中原地区到塔里木盆地及中亚的商路。从此，往来于中原和中亚的商人不绝于途，这条道路成为中原与西域诸国进行经济文化交流的一座桥梁。

五、昆阳之战

昆阳之战是新朝王莽军队与绿林起义军在中原地区进行的一场决战。这场战役是中国历史上有名的以弱胜强之战，也是新朝走向灭亡、汉朝（东汉）走向复兴的关键节点。

西汉末年，王莽篡汉，建立新朝。新朝建立后，王莽推行了一系列改制措施。然而，这些措施没有取得预期的效果，反而使百姓生活更加困苦，社会矛盾进一步激化，各地人民纷纷起义反抗。在起义军中，以赤眉军、绿林军的实力最强。

赤眉军属于草莽组织，成员大多是目不识丁的农民；绿林军

汉光武帝刘秀

中既有流民，又有小官吏、秀才、士兵，成分比较复杂。

王莽认为赤眉军声势更大，且势力遍布北方，便将进攻的重点放在赤眉军上。王莽派王匡等人统率十多万精兵出击赤眉军，派严尤、陈茂等人率领拼凑而成的郡县军对付南方的绿林军。

绿林军在淯阳击败了严尤、陈茂，包围了宛城。接着，刘玄称帝，建立更始政权。王莽这才意识到南方的绿林军对新莽政权的威胁更大。他一边将进攻赤眉军的主力部队调到南方，一边紧急调集各郡兵力，准备彻底消灭绿林军。王莽任命王邑、王寻为统帅，率领征调来的四十多万兵力，向颍川开进。他们在颍川又会合了严尤、陈茂的部队，随即大军向昆阳方向进击。

王莽大军进至昆阳，想要围攻昆阳城。部将劝王邑放弃昆阳，率兵开进宛城，与当地守军内外夹击绿林军。王邑怕放弃昆阳，会被王莽问罪，坚持要拿下昆阳。昆阳城内的绿林军守将王凤得知王莽军有几十万，便想开城投降，王邑却不接受献降，执意要歼灭城内绿林军，王凤只好死守城池，等待救援。王莽大军使用地道、楼车攻城均无果，又集中所有的机弩攻城。城内守军拼死坚守，一次又一次地打退王莽军队的强攻。

在昆阳城被围前，刘秀等人乘机出城调集兵将。一些将领贪恋财物，想就地分兵留守，不愿赴昆阳增援。经刘秀苦口婆心的劝说，他们才同意。

刘秀带援军来到昆阳城下后，为了鼓舞士气，决定亲自带领一支千人骑兵冲击昆阳城外的王莽军。他身先士卒，斩杀王莽军数十人。援军被其感染，加入战斗，取得初战胜利。

之后，刘秀率兵接连打了几次胜仗，削弱了王莽军的士气，鼓舞了昆阳城内军民的斗志。为了进一步击垮王莽军，刘秀伪造书信，让王莽军误以为宛城已被绿林军占领。然后，刘秀又精选了三千人的敢死队，自城西冲击王莽军中坚。王邑为了防止各营出现混乱情况，下令各营严格管束自己的部队，没有命令，不准擅自出兵。王邑、王寻亲自率军迎战刘秀，但阵势很快被刘秀击破，士卒混乱溃逃。王莽大军的其余部队因没有命令不敢轻举妄动，所以无部队主动支援王邑、王寻。刘秀率军奋勇出击，一鼓作气打垮了二人所率部队，斩杀了王寻。王莽大军各部很快就陷入一片混乱。昆阳城内的守军见刘秀取胜，也冲出城门，内外夹攻王莽大军。很快，王莽大军土崩瓦解，王邑仅带少数精骑逃脱。

昆阳之战是中国历史上著名的以弱胜强的战例。在此战役中，昆阳城内的起义军坚守待援，牵制了王莽军的主要兵力，为刘秀援军成功反攻奠定了基础。刘秀则善于把握战机，抓住了王莽军主将畏战无谋的弱点，一举冲破了王莽军的包围圈。起义军在此战中歼灭了王莽的大量军队，为胜利进军洛阳、长安，推翻新朝创造了有利的条件。

第四章

三国两晋南北朝时期的经典战役

一、官渡之战

官渡之战是中国历史上著名的以弱胜强的战役，也是东汉末年的三大战役之一。在这场战役中，曹操击败袁绍，奠定了统一中国北方的基础。

东汉末年，朝廷腐败，黄巾起义爆发。自此，东汉政权走向衰落，各路诸侯纷纷割据一方：袁绍占据冀州等地，曹操占据兖州等地，吕布占据徐州，孙策占据江东，公孙瓒占据幽州等地，刘表占据荆州，张绣占据南阳。

通过连年征战，袁绍战胜公孙瓒，占据了幽州、冀州、青州、并州等地。曹操也不甘示弱，迎汉献帝进许都，"挟天子以令诸侯"，先后击败吕布和袁术，成为仅次于袁绍的割据势力。随着时间的推移和形势的发展，袁绍和曹操之间的战争一触即发。

200年，汉献帝给车骑将军董承、偏将军王服等人赐"衣带诏"，命他们杀曹操恢复汉室统治。结果，事情败露，大部分接受"衣带诏"的臣子被曹操诛杀。这正好给了袁绍开战的借口。袁绍以"衣带诏"为由，出兵讨伐曹操。

刘备出兵占领下邳，原打算与袁绍合力攻打曹操。曹操为避免两面作战，率兵先攻打刘备。刘备大败，逃往河北投靠袁绍，以求庇护。当时有人建议袁绍趁此机会袭击曹军，但袁绍以"幼子有病，无心出战"为由，拒绝了出兵伐曹的建议。直到幼子病愈，袁绍才进军黎阳，准备渡河与曹操决战。然而，此时曹操已解决了刘备的威胁，能够全力应对袁绍的进攻了。

袁绍先派大将郭图、淳于琼、颜良进攻白马。曹操为了抢夺首战胜利，亲自率兵北上解了白马之围。之后，曹操组织白马的百姓沿着黄河向西撤退。袁绍命大将文丑率兵追击曹操。见袁军到来，曹操立刻命令士卒将马匹、辎重丢弃到道路两侧。袁军见到辎重，纷纷抢夺起来。曹操见状，立即率军杀了袁军一个回马枪。交战之中，文丑被杀，袁军士气大跌。

之后，曹操屯兵官渡。袁绍决定在此与曹操决一死战。曹操率军与袁军交战，未能获胜，于是决定坚守。双方相持三个月，曹操处境困难，兵少粮缺，士卒疲乏。不久，袁绍手下的谋士许攸前来投奔曹操。他告诉曹操，袁绍的粮草全部囤在乌巢，那里离袁军大营只有四十里路程，又建议曹操轻兵奇袭乌巢，烧毁袁军粮草。曹操闻言大喜，立即率五千人奇袭乌巢。

袁绍得知曹操偷袭乌巢，急忙派轻骑前去救援，又派中郎将张郃、大将高览率大军攻打曹操大营。曹营坚固，张郃、高览没能袭营成功；袁绍援军接近乌巢之际，曹操激励战士死战，曹军大破乌巢守军，并将粮草全部烧毁。张郃、高览得知乌巢已破，于是投降曹操。袁绍大军军心动荡，内部四分五裂。最终，袁绍大军崩溃，袁绍带着八百骑兵仓皇逃回河北。

官渡之战历时一年有余，最后以曹操的全面胜利告终。曹操仅用两万左右的兵力，通过奇谋击溃了袁绍的十万大军。这是中国历史上有名的以弱胜强的战例。官渡之战后没多久，袁绍郁郁而终。曹操乘机消灭了袁氏的割据势力，将北方地区尽收囊中。

官渡之战是东汉末年中国北方由分裂走向统一的关键性战役，对三国历史的发展有着重要的影响。

二、赤壁之战

　　赤壁之战，是指东汉末年孙权、刘备组成的孙刘联军在赤壁与曹操进行的一场战役。赤壁之战是中国历史上以弱胜强的著名战例，为后期的三国鼎立奠定了基础。

　　曹操统一北方后，决定乘胜南下，先拿下荆襄九郡，再渡长江攻打孙权。此时，荆州刘表病死，其子刘琮掌管了荆襄九郡。

　　刘琮听闻曹操奔荆州杀来，一时没了主意。刘琮的舅舅蔡瑁、章陵郡太守蒯越等向刘琮进言，劝他把荆州献给曹操，以保全富贵。刘琮依言而行。就这样，曹操没费一兵一卒就拿下荆州，与孙权隔江相望。

　　孙权听闻刘表死、荆州陷入混乱后，立刻派遣鲁肃过江，前去刘备处探听虚实。鲁肃刚到夏口就听说了曹军打到荆州的消息；到达南郡时，得知刘琮已降曹，刘备正南撤；赶到当阳长坂坡才见到刘备，传达了孙权之意。刘备早有与孙权联手抗曹的心思，于是派诸葛亮前往江东，坚定孙权抗曹的决心，促成孙、刘联盟。

诸葛亮不负刘备所托，成功说服孙权与刘备联手抗曹。孙权任命周瑜为左都督，程普为右都督，鲁肃为赞军校尉，令三人率领江东军队，与刘备军合力迎战曹军。

孙刘联军逆水而上，行至赤壁，与正在渡江的曹军相遇。初战，曹操水军被周瑜水军打败。曹操不得不令水军退至江北，与陆军会合，把战船停靠到北岸乌林一侧，继续操练，等待良机。周瑜大军则驻扎在南岸赤壁一侧，隔江与曹军对峙。

曹操为了使北方士卒习惯坐船，将舰船首尾连接起来，人马在船上如履平地。周瑜部将黄盖得知这一消息后，向周瑜进言："如今敌众我寡，难以长期相持。曹军把战船连在一起，首尾相接，可以用火攻击败曹军。"周瑜听完，欣然同意。

黄盖选取多艘战船，装上干柴，在里边浇上油，外面裹上帷幕，上边插上旌旗，预先备好快艇，系在船尾。他事先派人送信给曹操，谎称打算投降。诈降之日，黄盖率领士兵驾着战船驶向曹营，距曹军二里多远时，点燃柴草，着火的船队乘风快速冲向曹营。

当时，东南风正急，火势十分猛烈，曹军的战船全部焚烧起来，火势甚至蔓延到曹军在江岸上的营地。一时间，烧死、淹死的曹军不计其数。曹操率领残余的兵马仓皇而逃，孙刘联军在后面紧追不舍。曹操从华容道逃脱，退至江陵，后又立即返回北方。

赤壁之战的失利，是曹操起兵以来少见的大败。这次失败，让曹操失去了短时间内统一全国的机会，也让刘备和孙权获得了壮大己方势力的机会。

赤壁之战后，刘备从孙权手中"借"来荆州。随后，又以荆州为基地谋取益州，占领了蜀地的大部分地区。孙权巩固了自己在江东的统治地位。曹操在退回北方之后，休养生息，与孙、刘两家打持久战。经此一役，天下基本上形成了三国鼎立的局面。

在中国历史上，赤壁之战是一个经典的战例。这一战中，孙、刘两家以劣势兵力战胜曹操，同时开创了以水陆联合作战击退北方军队的先例，对后世有极其重要的借鉴意义。

三、夷陵之战

　　夷陵之战，又称彝陵之战、猇亭之战，是三国时期的三大战役之一，也是刘备对东吴发动的一场大规模战役。虽然这场战役以蜀汉的失败而告终，但是东吴的国力也受到了影响。

　　219 年，孙权袭取荆州，并且斩杀了荆州守将关羽。自此，吴、蜀两国的关系势同水火。220 年，曹丕称帝。次年，刘备在益州称帝。刘备为了夺回荆州，也为了给关羽报仇，决定亲自率领大军讨伐东吴。七月，刘备率领数万蜀军向东吴进发。刘备派遣蜀将吴班、冯习、张南领三万人攻取峡口；派镇北将军黄权驻守在长江北岸，以防曹魏趁机偷袭；又派遣侍中马良前往武陵，争取当地部族首领支持，以协助蜀军作战。

　　面对刘备的进攻，孙权任命右护军、镇西将军陆逊为大都督，率领东吴将士五万人抵御蜀军。同时，孙权给曹丕写信，表示愿意向曹魏称臣，以免被曹魏与蜀汉夹击。

陆逊分析了东吴和蜀汉双方的兵力和士气，又研究了气候与地形，最后决定避开蜀军锋芒，放弃直接对战，等蜀军锐气消减后，再伺机破敌。陆逊率领大军，一路撤到夷道、猇亭一线，将兵力难以展开的数百里山地留给了蜀军。

蜀军进抵猇亭，吴军坚守要地不出战，蜀军只好在巫峡、建平至夷陵一线数百里地建立营寨。两军相持半年多，蜀军开始忍耐不住，人心开始浮躁起来。

刘备十分焦急，几次三番引诱吴军出战，均未成功。进入夏季后，暑气逼人，蜀军将士苦不堪言。刘备只好让蜀军在密林里扎营，以免将士因中暑而无法战斗。

陆逊探听到蜀军士气低落，在密林里安营扎寨的情况后，知道反攻的时机已经成熟。陆逊决定采取火攻，趁夜偷袭蜀军大营。由于蜀军身处密林，夜风一吹，火势大作，很多蜀军尚在睡梦之中就被绵延不绝的大火吞没。

蜀军大乱，陆逊命吴将朱然率领五千人马猛插到蜀军的后部，截断蜀军后路。同时，吴军各路人马合围蜀军。蜀军被打得丢盔弃甲，四散而逃。刘备趁着夜色突围，逃到白帝城内，才暂时安全。经此一战，蜀军几乎全军覆没。刘备悲愤异常，从此一病不起，最终身死白帝城。

夷陵之战是中国历史上著名的防御战。陆逊仔细分析敌我军情，抓住战机后发制人，巧用火攻战术，将蜀军逼入绝地。刘备犯了"以怒兴师""恃强冒进"的兵家大忌，最终兵败。

夷陵之战中，蜀汉受到重创，元气大伤，吴国的国力也受到影响，为双方日后消除矛盾、共同抗魏奠定了基础。这场战役之后近四十年的时间里，三国的疆域基本保持不变。夷陵之战也因此被认为是前后三国的分界点之一。

四、晋灭吴之战

晋灭吴之战，是晋武帝司马炎发兵水陆并进攻打吴国，欲一举消灭吴国、实现统一的战争。吴国国君昏庸，防务松弛，将士离心，面对晋国强大的攻势，缺乏统一的对策，导致节节失利。晋灭吴之后，东汉末年以来分裂百年的中国复归统一。

263年，魏国灭亡蜀国，打破了三国鼎立的局面。265年，司马炎取代曹魏建立新政权，改国号为晋，定都洛阳，史称西晋。西晋据有原魏、蜀两国的疆域，东吴仅掌控长江中下游及岭南等地区。司马炎筹划剿灭东吴，统一全国。经过多年的准备，伐吴的准备工作基本完成，但由于西北鲜卑起兵叛乱，后方局势不稳，伐吴战争被暂时搁置。

279年，司马炎派兵二十万，分六路进攻东吴。西晋大军很快攻占高望城，推进至横江以东，夺占了渡江的有利渡场。东吴君主孙皓得知晋军南下，即命丞相张悌等统兵三万渡江迎战，以阻止晋军渡江。有大臣向张悌建议，应集中兵力于采石，等待晋军前来决战，若能打败晋军，即可阻止晋军渡江。但是张悌认为趁晋军未到，渡江与其决战，或许还有希望获胜。

张悌率军渡江后，正好遇到晋军都尉张乔率领的七千兵马，就立即派大军将张乔军包围。张乔投降（实际是以诈降行缓兵之计）后，张悌领军继续前进，又与晋朝王浑军相遇。吴军向王浑军发起攻势，三次攻击均未奏效后，不得不退兵。王浑军则乘吴军退兵混乱之机，全力掩杀。吴军大败。此时，诈降的张乔又从背后杀来，吴军溃败而逃，晋军顺利推进至江边。此时，手下向王浑建议，应该乘胜挥军渡江，直捣东吴都城建业。但是，王浑认为国君只命他出兵江北，如果渡过长江，就违背了君命。于是，王浑按照原诏令，就地等待龙骧将军王濬率领另一路晋军到达，然后再渡江作战。

琅琊王司马伷所率的一路大军进抵长江，与建业隔江相峙。王濬军在长江上中游获胜之后，便顺流而下。王濬军进至距离建业西南五十里时，东吴君主孙皓才派遣一万水军前往迎击。然而，此时的吴军已经没有斗志，望见晋军的旌旗便不战而降。随后，孙皓又命人率军二万迎击晋军，结果二万军队还没出兵就全部逃散。

王浑、王濬和司马伷等各路大军逼近建业，东吴几位重臣向晋军投降。孙皓见大势已去，派遣使者分别送信给王浑、王濬、司马伷，请求投降，企图挑唆三人争功，引起晋军内部分裂。王浑命王濬暂停进军，王濬以风太大、无法停船为由，继续进军。很快，王濬统率八万水陆大军进入建业。孙皓反绑双手，让人拉着棺木，向王濬投降。至此，东吴政权宣告灭亡，三国长期分裂的局面也随之结束。

晋灭吴之战，一举灭亡了东吴政权，使中国自东汉末年开始的战乱和三国鼎立纷争的局面宣告结束，中国重新统一。西晋的统一顺应了社会发展的需要，对当时经济、文化等方面的发展起到了积极的推动作用。晋灭吴之战是中国历史上第一次大规模突破长江天堑的战役，创造了水陆俱进、多路并发、顺流直下的进攻方略，为后世用兵长江提供了借鉴。

五、淝水之战

淝水之战是东晋和前秦在淝水进行的一场战役。这场战役中，东晋以八万北府兵大胜前秦的八十多万大军。谢安、谢石、谢玄等人在此役中一战成名。

西晋灭亡后，琅邪王司马睿在建康称帝，建立了东晋政权。这时，北方的少数民族政权如雨后春笋般冒了出来，由氏族人建立的前秦先后灭掉前燕、前凉等国，统一了北方。

357 年，前秦苻坚自立为大秦天王。苻坚重用汉人王猛，使得国力倍增。王猛多次劝说苻坚不要攻击东晋，因为前秦刚统一北方，时机还不成熟。王猛去世八年后，苻坚认为时机已经成熟，于是率兵南下进攻东晋。

当时的东晋，长江中游由大家族桓氏掌握，下游则被另一大家族谢氏掌握。为了应对即将爆发的战争，中书监谢安尽力调和桓、谢两大家族的关系。为了加强边防，谢安推荐自己的侄子谢玄任戍边将领。谢玄招募了淮南江北的百姓为兵将，成立了著名的北府军。

378年，苻坚派征南大将军苻丕、武卫将军苟苌、尚书慕容垂率领七万大军进犯襄阳，又命扬武将军姚苌等人率数万大军参与围攻。很快，襄阳失守，东晋将领朱序被俘。随后，苻坚派彭超率军围攻彭城。这标志着前秦与东晋淮南之战的爆发。面对战事，谢安在建康布防，同时令谢玄率几万北府兵自广陵起兵。战中，谢玄四战四胜，几乎每战都全歼敌军。

383年，苻坚亲自率领大军南下，命苻融带领二十五万将士作为先锋部队。东晋派谢石、谢玄、谢琰带领八万大军迎击前秦军队。

为防止晋军东进，前秦卫将军梁成率五万前秦军驻扎在洛涧，沿淮河布防。谢石认为前秦军强大，晋军应该坚守不战，以逸待劳，等对方疲惫后再进行反攻。苻坚派降将朱序前去劝降谢石。然而，朱序见到谢石并未劝降。两人叙旧一番后，朱序建议谢石趁大军未至，主动出击。谢石思考再三，采纳了朱序的意见。于是，谢玄派刘牢之率领五千精兵前往洛涧。刘牢之在洛涧一举歼灭前秦军万余人。

晋军攻占洛涧后，乘胜进军寿阳。苻坚得知消息后，登上寿阳城查看驻扎在对岸八公山的晋军的动静。八公山上的草木随风而动，如同无数东晋士兵在操练。苻坚吓得面如土色，对苻融说："晋军哪里是一支弱族，分明是一支劲旅！"

晋军西行，与前秦军对峙于淝水。谢玄派使者对苻融说，不如前秦军后移，让晋军渡河，来一决胜负。苻坚认为，前秦军可以在晋军渡河至一半时斩杀他们。苻融认为苻坚说得对，于是命大军后移。然而，当前秦军后移时，晋军突然渡水袭击。朱序等抓住时机大喊"秦军败了"。后面的前秦军闻听此言立刻乱了阵脚，自相践踏而死的不计其数。东晋军全力出击，大败前秦军。

淝水之战让苻坚一统南北方的希望彻底破灭，不仅如此，苻坚连年征战失利，导致北方原本统一的局面也渐渐瓦解。此时，鲜卑族的慕容垂和羌族的姚苌建立起自己的政权。苻坚最后为姚苌所杀。

此战虽然没能让东晋王朝一统南北，但为中国南方地区的社会发展创造了条件。淝水之战作为中国历史上著名的以少胜多的战例，也为后世兵家提供了许多值得研究和借鉴的战略。

六、沙苑之战

沙苑之战是南北朝时期西魏宇文泰在沙苑地区以不足一万人的兵力大败东魏二十万大军的战役。沙苑之战是中国历史上可以和赤壁之战相提并论的以少胜多的战役之一。

536年，东魏丞相高欢督军三路征讨西魏。西魏大臣宇文深认为，可以先率轻锐潜出小关，击窦泰这一路；高欢持重，势必难以及时来救，打败了窦泰，高欢势必退走。西魏丞相宇文泰采纳了这个计策，从长安秘密出兵，很快抵达小关。窦泰突然听说西魏军来了，惊惶失措，仓促迎击。宇文泰带兵偷袭窦泰，窦泰兵败自杀，高欢果然退兵。

西魏经历了一年多的大饥荒，这迫使宇文泰率军东出潼关，到弘农一带抢夺东魏的粮食。高欢为雪小关兵败之耻，乘宇文泰攻打弘农之机，亲率二十万大军进攻西魏。

高欢率大军渡黄河，过洛水，抵近许原，进逼长安。因为饥荒，西魏人心浮动，很多州县主动向高欢投降。

宇文泰得知消息后，亲率不足一万人马，急忙从弘农回师至渭水南。宇文泰征调多州兵马，但这些兵马还没到达，他就准备出战高欢。西魏诸将认为寡不敌众，应等援军到来再出击。宇文泰则认为，高欢刚刚过境，就已经有这么多个州县投降，等高欢兵临长安，恐怕大势已去，所以现在就要出击。宇文泰令部卒在渭水架设浮桥，又令军士携带三日粮食，轻装渡过渭河。

宇文泰率军行至渭河北岸的沙苑。这里距高欢大军六十里。宇文泰与诸将商议后，决定在沙苑以东的芦苇丛里设伏。宇文泰率中军，李弼率右军，赵贵率左军，三军以鼓声为号令，鼓声响，则一齐杀出。高欢听闻宇文泰只领了一万兵马，直言其不自量力，迫不及待地想要出击。部将对高欢提议："宇文泰以如此少的兵力来战，必定会做困兽之斗。我们虽然兵力强盛，但一时也难以取胜。这时长安必定空虚，不如趁此机会派一军直攻长安。"高欢拒绝了这个提议，坚持要先消灭宇文泰军。

东魏大军越过渭水，向沙苑进发。两军距离很近时，高欢都能看到宇文泰军稀稀拉拉的布防。到近前，阻隔在两军之间的是一大片枯黄的芦苇。这是高欢使用火攻的最好时机，他手下的将领却出言阻止："我们应该把宇文泰抓住杀掉，并带其头颅巡行天下，这样才有杀一儆百的效果。如果用火攻，到时候人全都烧得焦黑，还怎么分辨哪个是宇文泰呢？"高欢听了之后，觉得很有道理，于是就放弃了火攻。高欢的大军继续向前，东魏士兵见西魏士兵很少，有了轻敌之心，争相要出战。于是，高欢下令全军冲锋。

宇文泰见东魏军轻敌不列阵，当即下令出击，芦苇丛中突然鼓声大作，埋伏在芦苇丛里的士兵悉数杀出。两军交战，东魏有人数优势，渐占上风。此时，宇文泰部将李弼见形势危急，率铁骑杀向东魏阵中。这些铁骑势不可当，很快将高欢大军截为两段。西魏军趁乱猛攻，斩杀了东魏军六千余人，俘获两万人。

高欢败退逃走，东魏军彻底崩溃。宇文泰见高欢逃走，留下一部分将士收拾战场，命剩下的人跟着他继续追击。西魏军跨过渭水，一直追到黄河边，再次大破东魏军。前后两次，共七万东魏军被俘获，高欢连夜逃往黄河东岸。

此战中，西魏军判断准确，根据地形特点从容设伏，取得了以少胜多的战果。宇文泰凭借这场胜仗，巩固了建立不久的西魏政权，也巩固了自己在西魏政权中的主宰地位。沙苑之战确立了东魏、西魏割据的局面，为之后北周的建立奠定了坚实的基础。沙苑之战后，东魏不敢再随意侵入关中。

第五章

隋唐时期的经典战役

一、隋灭陈之战

隋灭陈之战，是北周权臣杨坚废帝自立后，发动的一场大规模渡江战役。通过此战，杨坚逼降陈后主陈叔宝，统一全国，结束了西晋末年以后延续二百七十多年的南北分裂局面。

580年，北周宣帝去世后，丞相杨坚把控朝纲。581年，杨坚废北周静帝，建立隋朝，史称隋文帝。

当时，隋朝已经占领了长江以北，其政治、经济、军事等方面实力都很强。反观长江以南的陈朝，政治腐败，国库空虚，军事力量薄弱，民不聊生。隋文帝在消除突厥威胁，以及吞并西梁后，决定攻灭陈朝。

隋文帝推行了均田制和租调力役制，改革了府兵制度。经过他几年励精图治，隋朝国力大增，具备了与陈朝进行决战的实力。攻陈之前，隋文帝与众臣商量攻陈对策，高颎、杨素等人争相献策。隋文帝综合考虑各方意见，慎重地制定了攻略。

隋文帝命杨素将造船废料顺江下漂，以威慑陈军；命贺若弼购买五六十艘破旧小船停在小河里，使陈军以为隋朝战船破旧；又让驻守广陵的士卒日日打猎玩耍，迷惑陈军。时间一长，陈军便以为隋军不足为虑，渐渐疏于防范。

588年，隋文帝命人撰写诏书，列举陈叔宝二十条罪行，并将此诏书在江南散发几十万份，以争取人心。同年，他任命晋王杨广为行军元帅，统筹各路兵马南征。

陈叔宝骄奢淫逸，只知道饮酒享乐，根本不懂军政。当时，为了与家人团聚共度春节，陈叔宝召回了镇守缘江重镇江州、南徐州的两个儿子，致使江防更加薄弱。

588年年底，长江上游的隋军开始发动进攻。杨俊督水陆军十余万出襄阳，进屯汉口，与陈将周罗睺等所率数万兵力据守的江夏相峙月余。同月，周法尚率舟师三万，进至樊口，击破陈军。杨素率水军沿三峡东进，荆州刺史刘仁恩率军由江陵西上，两军配合，水陆兼用，袭占狼尾滩。陈朝吕忠肃死守歧亭，以三条铁锁横江阻断隋军东出三峡，一度重创隋军。然而，杨素、刘仁恩率水陆联军强攻，最终击破陈军，占领西陵峡口。陈朝陈慧纪见大势已去，欲从公安入援建康，却被杨俊军阻于汉口以西。长江下游的隋军也乘陈朝欢度佳节之际，分路渡江。贺若弼军出广陵南渡，韩擒虎军出庐江由横江口夜渡，晋王杨广军出六合进屯桃叶山。

隋军渡过长江后，继续多路推进，攻占建康外围城市，完成包围陈朝都城的任务。当时，在建康附近的陈军仍有十万之众。可是，陈后主根本不采纳部将的建议，而是放弃了钟山等险地，将主力都收缩到建康城内外。

建康被隋军包围后，陈叔宝派部将发起白土岗之战。初时陈军取得了一些胜利，但很快被隋军攻破薄弱环节，全军溃退。陈朝将领任忠打开朱雀门，迎韩擒虎率隋军入城。陈叔宝带着爱妃张丽华、孔贵人躲在枯井之中，最终还是被韩擒虎俘虏，陈朝就此灭亡。

隋灭陈，耗时两个多月，结束了西晋末年以后延续二百七十多年分裂割据、战乱不止的局面，使中华大地重新统一于中央政权之下。这是隋王朝对中国历史发展做出的重大贡献。

二、隋征高句丽之战

隋征高句丽之战，也称三征高句丽，指的是隋炀帝杨广对高句丽发动的三次战役。这三次战役都以隋朝失败而告终。

从590 年到 611 年，高句丽与隋朝之间的紧张关系不断升级。隋朝对高句丽侵扰隋边境和与突厥联盟表示强烈不满，隋文帝和隋炀帝均曾要求高句丽停止侵扰并臣服于隋，但高句丽婴阳王表面上接受其要求，实际上并未停止行动。隋文帝时期，隋朝曾发动大规模军事行动以回应高句丽的挑衅，但因隋军遇到水患、疾病等问题，加上高句丽婴阳王上表谢罪，隋文帝罢兵。隋炀帝时期，尽管高句丽继续与突厥保持联系，隋炀帝仅给予警告，并未立即采取军事行动。直到 611 年，隋炀帝以高句丽不朝贡和侵扰辽西为由，决定东征高句丽，意图恢复辽东故地。

隋炀帝命幽州总管元弘嗣打造三百艘战船，因为时间紧迫，造船工匠只能在官吏的监督之下日夜赶工，大量造船工匠生病、死亡。随后，他令河南、江南、淮南等地打造五万战车，由士兵自己拉至前线。后来，他又征调江淮一带的民夫运送军粮，由于昼夜不停、道路拥堵，死亡者众多，引起天下动荡。

612 年，隋炀帝亲自率领军队到达辽水。隋炀帝命令宇文恺修筑浮桥，让大军从西岸发起进攻。隋军从浮桥快要冲到对岸时，高句丽趁机反攻，隋军死伤甚众。不过，隋军毕竟有绝对的人数优势，很快便包围了辽东城。

隋军在辽水会师时，隋炀帝为了防止将领抢功，强制进攻的军队分为三路，进攻行动要在三路军队之间通报，且军事进止都要上报给隋炀帝。辽东城快被隋军攻破时，高句丽军队请降，隋将没有皇命不敢进攻，待接到皇帝的命令后，高句丽军已重新集结开始抵抗。就这样，隋军跟对方僵持了一个月，就连一座小城也没有攻下。

隋军宇文述等部会师于鸭绿

江以西。隋士兵负重过重，体力消耗太大，甚至不得不偷偷丢弃口粮，结果导致粮荒。高句丽派人来诈降。于仲文后悔放走高句丽使者，提议用精锐部队追击高句丽军。宇文述见军粮即将耗尽，想要退兵，因此坚决阻止。然而，当初隋炀帝命令各路军队都要听从于仲文的指挥，宇文述不得不屈从。高句丽使者看到隋军面露饥色，所以故意使他们疲惫，每次一交战就逃跑。宇文述等与高句丽军一日七战，全部获胜，又带兵前行，渡过萨水。高句丽使者再次诈降。隋军疲惫，平壤城又险固难破，于是宇文述决定撤军。结果，高句丽军趁机四面包抄。宇文述等只能边退边战。高句丽军在隋军渡萨水至一半时发起猛攻。隋军溃败，将士奔逃。会师于鸭绿江的全部大军退回辽东城时，三十余万人仅剩下两千多，丢失的装备辎重数以万计。隋炀帝第一次征伐高句丽以失败而告终。

613 年，隋炀帝二征高句丽。隋军使用飞楼、撞车、云梯，并挖掘地道，昼夜不停地连续攻辽东城数日，却没能成功，双方都伤亡甚重。此时，杨素之子杨玄感造反，因此隋炀帝密诏诸将撤军。高句丽守军疑隋朝撤军有诈，不敢出击。隋炀帝二征高句丽，最终无功而返。

614 年，隋炀帝下诏再次征发天下兵，想要第三次征伐高句丽。隋将来护儿击败一支高句丽军，趁机要向平壤进军。高句丽婴阳王遣使请降，并送回参与杨玄感造反逃至高句丽的斛斯政。隋炀帝非常高兴，遣使者告知来护儿率军返回。后来，隋炀帝征高句丽婴阳王入朝，婴阳王未至，隋炀帝想要再次征讨高句丽，最终未能成行。

隋征高句丽之战，造成隋朝大量军民死亡和巨额物资损失。过度征敛破坏了隋朝的经济，引起国内人民对隋炀帝的强烈不满。隋末，大规模的农民起义相继爆发，使隋朝统治崩溃。

三、李渊攻取长安之战

李渊攻取长安之战，是隋朝末年太原留守李渊起兵反隋，攻占隋朝都城长安的战役。此战为唐朝的建立奠定了基础。

隋炀帝杨广大兴土木，对外不断用兵，繁重的徭役、兵役使百姓生活在水深火热之中，各地农民纷纷起义反抗。

615年，隋炀帝任命唐国公李渊为山西河东慰抚大使，镇压农民起义。617年，隋炀帝又任命李渊为太原留守，继续镇压农民起义。其时，隋朝大势已去，次子李世民，幕僚裴寂、许世绪等人劝李渊起兵，建立新王朝。随后，李渊派李世民、刘文静等人到各地募兵，招集到一万多人。太原副留守王威和高君雅看到李渊招兵买马，准备告发他。李渊先发制人，将王威、高君雅处死。李渊依靠关陇、河东地主集团的力量，传檄郡县，在晋阳起兵。

同年六月，李渊派长子李建成、次子李世民率兵攻打西河郡。郡丞高德儒闭门守城。然而，李建成和李世民仅用九天便攻下西河，杀死高德儒。七月，李渊命四子李元吉留守太原，自己亲自率三万大军向长安进发。李渊军逼近霍邑时，正赶上连阴雨，这导致行军困难、粮食短缺。李渊准备返回太原，因李建成、李世民强烈反对，才同意在霍邑与隋军交战。战中，李渊、李建成在城东列阵，李世民在城南列阵，两面夹击隋军。隋军腹背受敌，惨败而逃，霍邑被攻克。随后，李渊乘隋军主力在洛阳附近与瓦岗军大战之机，沿汾水挺进，快速进至龙门。

隋朝将军屈突通领兵数万屯于河东，阻挡李渊军。李渊留下多名将领围困河东，自己则率军渡黄河，进驻朝邑。同时，他派李建成率刘文静等扼守潼关，以阻隋军西援；又派李世民率刘弘基等沿渭水经高陵迂回长安。屈突通获悉李渊军西入，遂留部分兵马守城，自领数万人增援长安，但被刘文静等阻于潼关。

李世民大军得到农民起义军的接应，顺利抵达泾阳。李渊遂命刘弘基等率兵南渡渭水，夺取长安故城。不久，李渊、李建成、李世民率军会合于长安城东，士兵共二十多万。隋朝刑部尚书卫文升等人率兵据守长安城。李渊遣使劝降，未被理会。于是，李渊下令包围长安城。

　　李渊大军包围长安城后，并不急于攻城，而是严申军令：士兵不得擅自离营，不得到附近村落抢掠。同时，李渊派人至城下喊话，希望长安守军能弃暗投明，以免因用兵而使双方伤亡。守军对此置若罔闻。不得已，李渊命二十多万大军攻打长安城。李建成的部将雷永吉等先入城，其他军队相继攻入。攻占长安城后，李渊迎立代王杨侑为帝，即隋恭帝，自己则被封为大丞相，加封唐王。次年三月，隋炀帝在江都被杀，隋朝灭亡。五月，李渊逼隋恭帝禅让，自立为帝，定国号为唐，改元武德，定都长安。

　　李渊从太原起兵到攻克长安，只用了五个月时间。这主要是因为隋末农民起义牵制了隋军的大量兵力，使隋朝统治集团无力西顾，关中空虚。李渊在攻取长安的过程中，当机立断，不失时机，攻打河东与进军长安双管齐下，所以收效显著。

四、唐灭高句丽之战

唐灭高句丽之战，分为唐太宗时期击败高句丽、唐高宗时期一举灭亡高句丽两个阶段。高句丽被灭之后，唐朝设立安东都护府管理高句丽故地。

唐朝初期，唐对高句丽、新罗、百济等国采取和平友好的政策。643年，新罗派遣使臣觐见唐太宗，述说了百济攻取新罗四十余城，又与高句丽联合起来，阻止新罗入朝的事情。唐太宗命司农丞相里玄奖给高句丽送去诏书，命令高句丽停止对新罗的军事行动。高句丽不但没有听从，还挑唆漠北的薛延陀汗国与唐决裂。唐太宗大怒，决定对高句丽用兵。

644年，唐太宗派遣张亮率四万余人，从莱州走海路向平壤进军；派李勣率军六万，以及部分投降的胡人，向辽东进军。高句丽曾经成功三拒隋军，便以为能与唐军抗衡。

645 年，李勣率军渡过辽水，击败高句丽，占领盖牟城。张亮率舟师渡海，袭占卑沙城。李勣大军来到辽东城外，高句丽派四万步骑来援。李道宗率四千骑兵迎战，李勣引兵相助，再败高句丽。

唐军进军白岩城，高句丽派一万多人援救白岩城。唐军将士奋力杀敌，打败高句丽军，追杀高句丽残部几十里，杀敌千余人。

唐军随后攻打安市城，高句丽高延寿、高惠真率十五万大军来救援。双方开战，高句丽军被击溃，高延寿等人率残部依山固守。唐军毁掉桥梁，截断了敌军退路。高延寿等带着三万多人投降，唐太宗没有怪罪他们，将普通士兵都释放回平壤。随后，唐军因为天气转冷而班师回朝。

唐太宗御驾亲征高句丽一役，攻克了玄菟、横山、盖牟、磨米、辽东、白岩、卑沙、麦谷、银山、后黄十座城池，消灭了大量高句丽军，可谓大胜。

唐高宗时期，唐朝调整了对朝鲜半岛的战略，决定与新罗联手，先攻百济，再攻高句丽。660 年，唐军渡海征伐百济。百济倾国应战，仍被唐军击败，百济王及太子投降。唐灭亡百济，使得高句丽失去了一个重要盟友。之后，唐高宗派遣契苾何力、苏定方、刘伯英、程名振等人率军分道进攻高句丽。唐军多次获胜，一度包围了平壤城，但因种种原因未能攻克。

此后，唐朝继续对高句丽发动军事进攻，不断削弱高句丽的国力，为攻灭高句丽奠定了基础。668 年，薛仁贵率三千兵马消灭了高句丽一万多人，攻占扶余城，扶余川中四十多座城池的守军望风而降。李勣等各路唐军在鸭绿栅会师，与高句丽军展开多场战斗，均以唐军胜利告终。最后，唐军包围平壤城。被围困一个多月后，高句丽将领信诚打开城门投降。唐军攻占平壤，高句丽终被唐朝灭亡。

唐灭高句丽后，在高句丽故地设立州县进行管辖，并在平壤设立安东都护府。此后，鸭绿江南北的高句丽故地的主体部分属于中原王朝，新罗的疆域仍然在大同江及平壤以南。高句丽之战极大提升了唐王朝的国际威望。

五、睢阳之战

　　睢阳之战是唐代安史之乱时期的一场著名战役。睢阳之战，又被称作睢阳保卫战，是以张巡为首的唐军和叛军进行的战斗。这场战役对李唐政权的延续意义重大。

　　755 年，安史之乱爆发。一些州县没经历过战争，听说叛军来了，纷纷不战而降。仅仅数月时间，叛军就攻陷了东都洛阳，安禄山自立为帝，改国号为大燕。

　　757 年年初，安庆绪杀其父安禄山，自立为帝。因睢阳位置重要，安庆绪称帝后不久便命尹子奇率领精锐与杨朝宗兵合一处，以十几万大军攻打睢阳。

　　面对强敌，守将张巡、许远没有恐惧，而是激励士兵们固守城池。许远自认为才能不及张巡，便请求将军事指挥权交给张巡，自己则专门负责军队的粮草和战具。张巡担任主帅后，率军主动进攻。叛军措手不及，大败而逃。叛军匆匆逃跑时，丢下了大量牛羊车马，张巡将这些缴获的物资都分给了将士们。

到了五月，睢阳城外麦子熟了，叛军收割麦子充当军粮。张巡在城楼上看到后，立即让士兵擂鼓呐喊，做出一副要冲杀出去的样子，吓得叛军顾不上收割麦子，匆忙迎战。但随后，张巡又让将士们休息，并没有让他们出城。原来，张巡此举目的是麻痹叛军。待叛军逐渐放松了警惕，张巡抓住时机，命南霁云率军杀出，斩杀叛军很多人马。

到了七月，叛军包围了睢阳城。此时，睢阳城内严重缺粮，士兵只能吃树皮和纸充饥。叛军得知睢阳城内的情况后，用云梯强攻。张巡命士兵用钩竿把云梯戳翻，又从城头上投火焚烧云梯。叛军见状又使用其他方法攻城，但始终没能攻下。后来，唐朝御史大夫贺兰进明驻军临淮，张巡命南霁云突出重围前去求救。南霁云顺利冲破包围圈，见到贺兰进明，但贺兰进明不愿出兵，只是拉着南霁云参加酒宴享乐。南霁云愤恨不已，只好去别处求援。最终，他只借来百余匹马和三千多人。因被叛军发现，南霁云一行只能一边战斗，一边前往睢阳；到达睢阳时，只剩一千人了。

叛军得知睢阳没有援军后，加紧攻城。此时，睢阳城内的将士们已经因为饥饿、伤病无法作战了。最终，睢阳城被攻陷，张巡、许远等人被俘。叛军用刀逼迫张巡投降，张巡宁死不降，最终被叛军杀害。

睢阳之战中，唐军虽然失利，但是以几千人的兵力阻挡了十几万叛军，坚守了十个月之久，为唐肃宗后来的反攻赢得了时间。睢阳之战期间，唐朝朝廷得到江淮赋税的不断接济，经济实力逐渐恢复。唐肃宗利用这段时间重新组织和调配军事力量，集结了大量军队，并与回纥等少数民族政权建立了联盟，获得了外部的军事支持。经过充分的准备之后，唐军发动进攻，很快收复长安、洛阳，使叛军遭受重创，再无力南下，唐朝天下得以保全。

第六章

宋元时期的经典战役

一、澶州之战

澶州之战是北宋与辽国之间的一场战役。这场战役之后，宋辽两国之间维持了一百余年的和平局面。

宋朝攻灭北汉之后，为收复燕云十六州，连续对辽国发动了两次进攻，但均以失败告终。一部分宋朝官员因此产生了"恐辽"情绪，从此谈"辽"色变，不愿再提收复燕云十六州的事。宋廷对辽国的政策也由进攻转为防御，要求将士"坚壁清野，不许出兵，继不得已出兵，只许披城布阵，又临阵不许相杀"。也就是说，宋朝将士必须采取坚守壁垒、清除四野（使敌人无法获取物资）的策略，不能主动出兵，实在没办法必须出兵的时候，只能靠着城墙摆开阵势，而且到了战场上也不能相互厮杀。然而，这种消极防御的政策并没有如宋廷所愿换来和平，反而让辽国看到了宋廷的软弱，在一定程度上鼓励了辽国的进一步侵扰。

辽国经萧太后的励精图治，国力大增。辽军持续南下，并攻占了宋朝边境城邑深州、祁州、涿州、新乐等。尽管辽国骑兵机动性强、战术灵活，给宋朝边疆防御带来巨大压力，但宋朝将士凭借顽强的意志与有效的防御策略，始终坚守在边疆一线，使辽军难以深入宋朝腹地。宋辽边境战事陷入胶着对峙状态。

1004 年，辽圣宗和萧太后率军二十万，以收复失地为名，大举进犯北宋边境，但遭到了北宋军民的坚决抵抗。后来，辽军攻克德清，生擒了宋将王先知，大队人马抵达澶州一带，对澶州形成三面合围之势。

辽军包围澶州的消息传到了京城，朝野震动，宋真宗惊慌失措。北宋朝廷中，一部分人劝皇帝迁都，也有一部分人劝宋真宗御驾亲征。宰相寇准力排众议，坚持主张宋真宗亲自率军督战，宋真宗这才答应亲征。

宋真宗刚到澶州附近，就接到了澶州守军送来的一个好消息：辽军统领萧挞凛被宋军用床

弩射死，辽军士气受挫。

宋真宗在寇准、高琼等人的护送下，登上了澶州北城门楼督战。宋军将士深受鼓舞，士气大增。辽军本就属于孤军深入，再加上主将萧挞凛被宋军射死，军心涣散，背后还有宋军环伺，久拖，必腹背受敌，因此辽军要求与宋军议和。

宋真宗也希望辽军尽快撤走，于是同意议和。最终，宋辽双方达成一致意见，签订《澶渊誓书》，其中约定辽宋为兄弟之国，宋每年送给辽银十万两、绢二十万匹，双方互不侵扰边疆。

澶州之战结束了宋辽之间长达几十年的战争，此后宋辽边境长期处于相对和平的状态。宋朝节省了巨额战争开支，避免了长年重兵戍边造成的徭役和赋税压力，以较小的代价换取了战争难以获取的效果。宋辽和平也促进了两国之间的经济、文化交流，有利于中华民族的经济发展、文化繁荣、民族融合。

东京之战，指的是北宋末年李纲、宗泽等抗战派将领领导军民协力抗金的战役。此战主要是为了保卫京城东京，所以又被称为东京保卫战。

1125 年，金国统治者以宋朝破坏海上盟约为借口，南下攻宋。金军兵分两路：西路军在太原遇到宋朝军民的顽强抵抗，前行受阻；东路军则进展顺利，进逼东京。

面对危急情势，张邦昌、李邦彦等宋朝官员主张割地赔款求和，李纲等则力主积极抗击。宋钦宗任命李纲为兵部侍郎，全权负责守卫东京的事宜。李纲受命后，立即组织军民备战，包括储备大量砖石、毡幕、燎炬、檑木、火油，打造楼橹、炮座和床弩等，积极迎击金军。

1126 年正月，金军到达东京城下。李纲亲自督战，几次打退金军的进攻。当时，河北和山东的宋军、义军也纷纷赶来支援。金军损失惨重，只好暂时撤兵。

金军撤退后，宋廷中的投降派又活跃起来。李纲被迫离开东京，各路义军也被迫解散。当年秋天，东、西两路金军再次围攻东京，东京城很快沦陷。金军劫掠了城中的金银财宝，还掳走了宋徽宗与宋钦宗，撤兵北去。至此，北宋灭亡，这就是历史上著名的"靖康之难"。

"靖康之难"发生后，宋徽宗赵佶第九子、宋钦宗赵桓之弟赵构在南京应天府登基，改元建炎，建立南宋。金军北上之后，宋高宗赵构命宗泽留守东京。宗泽在东京整顿社会秩序，稳定市场物价，组织疏浚河道，修建防御设施，广泛招募和训练义兵。

1127 年冬至 1128 年春，金军多次渡过黄河骚扰宋境。宗泽坐镇东京，从容调兵遣将，多次打退金军的进攻。金军不甘心，改由郑州进犯。前军抵达东京附近时，宗泽镇定指挥，大败金军，乘胜收复了延津、河阴等地。1128 年七月，宗泽病故后，宋高宗派杜充继任东京留守，结果东京再次被金军攻陷。

　　东京保卫战的失败，使得宋朝失去了阻碍金军南侵的重要战略屏障，为宋、金在黄河、长江内外展开旷日持久的战争拉开了序幕，同时也使中原大地长期遭受战争的蹂躏。

三、郾城之战

郾城之战是南宋对金的一场以少胜多的著名战役。这场战役中，岳飞率领岳家军给予金军沉重打击，提振了南宋军民抗金的士气。

1140 年，金军分四路大举进犯南宋，战线东至淮河，西至陕西。面对金军的强势进攻，岳飞积极响应朝廷号召，从鄂州挥师北伐，志在收复中原。

当时，岳飞把指挥中心设在郾城，分兵攻击河南中部的金军。岳家军战斗力强，士气高涨，在岳飞的带领下，接连收复郑州、西京河南府等州县，还占领了军事重镇颍昌府与淮宁府，痛击了气焰嚣张的金军。

金军将领完颜宗弼见岳飞分兵攻击，又探知岳飞驻扎在郾城的兵力不多，于是决定亲自率领大军直插郾城，企图一举摧毁岳家军的指挥中心。两军在郾城北对阵，岳飞之子岳云披挂上阵，率领轻骑与金军激战几十回合，金军尸体遍布原野。

完颜宗弼见不能取胜，便命令全身披挂重甲的"铁浮图"投入战斗。"铁浮图"是金国一种重骑兵，三人为一组，用皮索连接，人与马都披挂着超重铠甲，弓矢不入。此外，金军还以"拐子马"（轻骑兵）为左右两翼，配合"铁浮图"作战。

岳飞看到"铁浮图"和"拐子马"上阵后，令步兵换上大刀、大斧，上砍骑士，下砍重甲没有覆盖到的马腿。金军人仰马翻，死伤无数。此后几日，双方再战，金军连连大败，完颜宗弼无奈退兵。岳家军乘胜追击，前锋抵达距汴京四十五里的朱仙镇。

然而，抗金形势一片大好之时，宋高宗连发十二道金牌急召岳飞回京。无奈之下，岳飞长叹"十年之功，废于一旦"，整合军马班师回朝。

郾城之战是宋金双方精锐部队之间的一次大战。此战中，宋军以少胜多，给金军以沉重打击。如果宋军乘胜追击，很有可能收复失地。但是，宋高宗出于种种原因，下令班师，使得宋朝失去了进一步扩大战果、改变宋金战局的可能。

四、钓鱼城之战

钓鱼城之战是南宋和蒙古之间进行的一场战斗。几十万蒙古铁骑围攻钓鱼城，却始终没能攻克。蒙古军队在这场战役中遭受重创。

1243 年，四川的官员为了抵抗蒙古铁骑，创建了一套适用于山城的防御系统——在险峻的隘口安营扎寨，各个城寨之间可相互应援。在众多城寨中，钓鱼城是最为重要和坚固的堡垒。

钓鱼城坐落在高三百米左右的山上，南、北、西三面环水，地理位置十分险要。这座城分为内城和外城，外城直接建在了悬崖峭壁上，内城里则有大片可种庄稼的田地和四季不绝的丰富水源。外城和内城之间的山麓也可以开发成田地，用于种植庄稼。总之，这里资源充沛、易守难攻，适合长期坚守。宋廷还把陕南、川北的一些百姓迁入钓鱼城，增加了人口和劳动力，进一步提升了钓鱼城的防御能力。

1258 年，蒙古大汗蒙哥率领主力攻入四川，攻占多地。1259 年，蒙哥率军围攻钓鱼城。他先派人切断周边城寨与钓鱼城的联系，然后亲自督军猛攻钓鱼城。然而钓鱼城防御力极强，尽管蒙古军队的攻城器具十分精良，依然无法攻克此城。

面对坚固的钓鱼城，素来以灵活机动、凶猛剽悍著称的蒙古军队也无可奈何。蒙古军队围攻钓鱼城数月，钓鱼城内依然物资充裕，守军斗志高昂。当时正值酷暑，城外的蒙古军队水土不服，军中暑热、疟疾、霍乱等疾病流行。宋军乘机多次夜袭蒙古军队营地，给蒙古军队造成恐慌。蒙古军队前锋元帅汪德臣攻城不克，遂至钓鱼城下劝降，被城上飞石击中，不治身亡。不久后，蒙哥也病逝于钓鱼城下。蒙古军队只好撤退。

钓鱼城之战是意义很大的一场战役。首先，这场战役让南宋的国祚延长了二十年。其次，这场战役缓解了蒙古对欧洲、亚洲其他国家的军事威胁。最后，这场战役为忽必烈执掌蒙古政权提供了契机，影响了蒙古内部与元朝的未来走势。

五、襄樊之战

> 襄樊之战是元朝灭亡南宋政权的一次重要战役，前后历时近六年，最终以襄阳失守而告终。

蒙古大汗蒙哥死后，忽必烈即大汗之位。忽必烈为了灭宋，采纳了南宋降将刘整的建议，即先攻取襄阳、樊城，然后沿汉水入长江，直趋南宋都城临安。

忽必烈派都元帅阿术、刘整率军进攻襄阳、樊城。襄阳、樊城城坚池深，依靠强攻很难攻破，于是蒙古军队采取长期围困、待机破城的战法，在襄阳和樊城四面建造堡垒，封锁陆路的同时，在汉水中设置障碍，切断宋军南北联系，对襄阳、樊城形成包围。蒙古军队为加强水上作战能力，操练水军，并建造了战船。宋朝派出几路援军，期望通过内外夹击打破襄阳、樊城被困的局面，但是所派援军均被蒙古军队击败。

1271 年，忽必烈改国号为大元，次年迁都大都。元朝为了向南扩张，迫切需要尽快攻下襄阳和樊城。于是，元军一改"围城打援"的战术，主动向樊城发起了攻坚战，试图先拿下樊城，使襄阳彻底被孤立。元军对樊城发动猛攻，很快攻破了外城。宋军退至内城坚守。

襄阳被困已久，物资匮乏。南宋的张顺、张贵兄弟率领几千义军，乘轻舟百艘，载着襄阳城急需的盐、布匹等物资，对围城的元军发起突袭。元军来不及防备，被义军撕开一个口子。双方激战中，张顺战死，张贵率领剩余义军突入襄阳城，极大鼓舞了宋军的士气。然而，几个月后，张贵试图突围以接应其他宋军，却不幸被俘，随后遇害。此后，襄阳和樊城的外援彻底断绝。

1273 年正月，元军继续从东北、西南两个方向对樊城发起强攻。阿术命人烧毁襄阳、樊城之间的浮桥，切断两城的联系。接着，元军兵分多路，并配以威力大、射程远的"回回炮"，水陆夹攻樊城。元军的"回回炮"威力巨大，将樊城的城墙轰出了一个大缺口。元军从这里发起强攻，昼夜鏖战，终于攻破了樊城。

樊城陷落，襄阳成为孤城，元军在加紧围攻襄阳的同时，屡次喊话招降。襄阳内无粮草、外无救兵，守将吕文焕眼见突围无望，又慑于元军压力，只能开城投降，襄阳遂落入元军之手。

襄樊之战对南宋的打击是全方位的。首先，南宋苦心经营的长江防线开始崩溃，元朝水陆大军自此可以顺流直下，再无大的阻挡。其次，南宋在襄樊之战中先后投入数万精锐，结果损失大半，仍没能守住这个战略要地，这极大地削弱了南宋的军事力量，也导致剩余军队的士气一落千丈。最后，南宋从统治阶层到普通民众，抵抗心理均遭受无可挽回的重创，朝廷上下笼罩在一片低迷之中，亡国之态尽显。

六、厓山之战

厓山之战，是宋军与元军在厓山进行的一场大规模海战。这场海战后，南宋彻底灭亡，元朝统一了中国。

襄樊之战后，元朝大军直逼南宋都城临安。1276年，元军兵临城下，南宋太皇太后谢道清派人向元军求和，没有成功，于是只好带着当时只有五岁的南宋小皇帝率众投降。

然而，在宋廷投降之前，宋度宗的嫔妃杨淑妃已带着自己的两个儿子——益王赵昰、广王赵昺，由国舅杨亮节等人率殿前禁军护送出逃。一行人到达金华后，大臣陆秀夫、张世杰、陈宜中、文天祥等人前来会合。元军一路紧追不舍，益王赵昰、广王赵昺只好又逃往福州。

众人逃到福州后，拥立赵昰为皇帝，史称宋端宗。他拜张世杰为大将，陈宜中为丞相，陆秀夫为签书枢密院事，文天祥为少保兼信国公。他们在极为艰难的情况下，组织军民抵抗元军。

元朝统治者听闻赵昰做了皇帝，立即下令攻打福州。1277 年，福州沦陷，宋端宗被迫流亡到泉州。张世杰向泉州市舶司要船却遭到了拒绝，只好抢夺船只，带着宋瑞宗出海逃亡。他们本打算逃往雷州，没想到在海上遇到台风，结果舟船倾覆，宋端宗也落入海中。宋端宗因为落水染了病，不久病死，他的弟弟赵昺即位。

陆秀夫和张世杰护送赵昺逃到了厓山，并在这里建立了抗元据点。文天祥在广东、江西一带继续抗元，但由于孤立无援，最终寡不敌众，被元军生擒。

1279 年，元军将领张弘范率军攻至厓山，张世杰率宋朝水军准备迎敌。为了激发将士应战的决心，张世杰下令烧毁陆地上的宫殿、房屋，又下令把所有军船用绳索连接在一起，一字排开于海湾内，并且将皇帝赵昺的龙舟放在军船中间。元军用小船载着茅草和油脂等易燃物，乘风冲向宋船纵火。但是，宋军的船只前都横着一根长木，有效抵御了元军的火攻。

张弘范见火攻不成，便派水师封锁海湾，又命陆军断绝宋军取水的道路。他还将元军分成四路，其中三路驻扎在宋军的东、南、北三面，一路由自己亲自率领与宋军正面相对，并约定以奏乐为总攻的信号。元军奏乐时，宋军以为元军正在举行宴会，便松懈了。元军趁机发起总攻，很快突破宋军防线，连破多艘宋船。宋军大败后，张世杰见大势已去，抽调精兵，突围而去。赵昺的船在中间，无法突围而出，陆秀夫见状便背着赵昺投海自尽了。数日后，张世杰集合溃军，准备继续战斗，却遇到飓风，因船倾溺水而亡。至此，厓山之战结束，南宋王朝宣告灭亡。

　　厓山之战是中国古代军事史上一次较大规模的海战，在中国海战史上占有重要地位。此役之后，元朝灭宋，实现了中国的统一，中国历史的发展进程发生了重大转变。

陆秀夫负帝投海

第七章

明清时期的
经典战役

一、鄱阳湖之战

鄱阳湖之战，是元朝末年朱元璋和陈友谅为了争夺鄱阳湖水域而进行的一场关键性战役。鄱阳湖之战以朱元璋获得胜利而告终。

元朝末年，朝廷腐败，残酷压迫百姓，导致百姓纷纷起义。经过一番混战之后，反元武装组织形成多个地方割据势力，其中以朱元璋、陈友谅、张士诚的实力最为强大。

陈友谅原为红巾军首领徐寿辉的部将，后来，他杀死徐寿辉，自立为帝，国号"汉"。1360 年，陈友谅亲自率领十万水军沿长江东下，进攻应天府，准备一举吞掉朱元璋的地盘。朱元璋得知这个消息后，决定利用应天城城池坚固、地形复杂的特点，实行"诱敌深入"之计。

为了诱骗陈友谅，朱元璋让元朝降将康茂才写信诈降。康茂才与陈友谅曾有交情，他在信中表示，自己愿做内应，与陈友谅在江东桥会合。随后，朱元璋令部将常遇春率领三万精兵埋伏在石灰山，徐达等人率军在南门列阵，胡大海率军在陈友谅侧后进行牵制，张德胜等人率领水师陈列江关。安排好一切后，朱元璋亲自率领主力埋伏在卢龙山，坐等陈友谅大军。

陈友谅亲自率军赶到江东桥，没有发现康茂才和他的人马。陈友谅发觉中计，赶紧命令大军撤退，可是已经来不及了。朱元璋给伏兵发出信号，一时间，水陆部队一齐发起进攻，重创陈友谅大军。

1363 年，陈友谅率大军攻打洪都。朱元璋的侄子朱文正率领守军在洪都进行了顽强的抵抗，使得陈友谅军未能迅速攻克洪都。朱元璋听闻消息，亲自率大军增援洪都。陈友谅怕腹背受敌，急忙撤军，其水军撤到了鄱阳湖。朱元璋随后率领水师进入鄱阳湖，令一部分军队屯在南湖嘴，切断陈友谅的后路；令一部分军队扼守武阳渡，截击逃兵。他准备在鄱阳湖与陈友谅决战。

由于陈友谅的战船高大且数量众多，朱元璋的军队在战斗初期遭遇了挫折。在这种情况下，朱元璋采纳了部将郭兴的建议，采用火攻战术。他招募死士，又命人在小船上装满火药、柴草。待风起时，死士驾着小船顺风冲向陈友谅的船阵。在接近陈友谅的战船时，死士点燃小船上的火药和柴草。刹那间，火光冲天。陈友谅的战船以铁索相连，着火后变成一片火海，陈友谅军伤亡惨重。

此后，双方对峙了一个多月，陈友谅决定率大军突围。在冒死突围的过程中，陈友谅率亲信奋战，但最终被乱箭射中，身受重伤而亡。陈友谅大军因此溃败，几万人投降朱元璋。

鄱阳湖之战是中国军事史上以少胜多、以弱胜强的著名战例，也是中国水战史上的著名战例，对后世产生了深远的影响。

二、台州之战

台州之战，也称"台州大捷""台州九战九捷"，指的是 1561 年戚继光率领戚家军在台州附近的新河、花街、上峰岭、长沙等地连续打击倭寇的战役。台州之战历时一个月，戚家军通过此战彻底打掉了倭寇的嚣张气焰，此后很长一段时间内浙江地区少有倭寇侵扰。

元末明初时，一些日本流浪武士、商人、流民组成海盗团体，在日本封建主的支持和怂恿下，在我国沿海一带烧杀抢掠，他们被称为"倭寇"。到了明嘉靖年间，武备废弛，东南沿海驻军的战斗力较差，致使倭寇更加猖獗。他们占据岛屿，掠夺财物，给东南沿海的民众带来了深重灾难。

1555 年，戚继光被调往浙江，负责海防。戚继光发现驻军难当大用，便于 1559 年招募了四千新兵，对他们进行严格的训练，打造出了"戚家军"。1561年，一批倭寇从奉化登陆并进至宁海。戚继光接到情报后，率主力赶赴宁海，同时命任锦率水军火速赶至宁海外海伏击。戚家军速战速决，大获全胜，杀敌数百。倭寇见明军有防备，于是分路转攻台州。

一路倭寇先攻击新河。新河城内兵力薄弱，只有少数老弱残兵留守。为了迷惑倭寇，新河守军在城上布置旌旗，摇旗呐喊。倭寇不知虚实，不敢贸然攻城。随后，明指挥佥事唐尧臣按照戚继光的安排率两千人进抵新河城郊，突然对倭寇发起攻击。倭寇在猝不及防的情况下被击溃。当夜，明军进入新河城，此路倭寇残部则乘机向温岭方向逃去。

戚继光歼灭宁海的倭寇后，迅速增援台州。戚家军在台州附近的花街与一路倭寇遭遇，将其全数歼灭。之后不久，一支倭寇队伍进犯台州东北的大田，企图进一步进犯台州城。戚继光动员将士树立必胜信念，主动迎战。倭寇见形势不妙，往仙居方向逃窜。戚继光率兵赶至倭寇必经之地上峰山设伏，待大半倭寇通过上峰山南侧峡谷后，下令开火。戚家军鸟铳齐发，居高临下发起冲锋。倭寇仓促迎战，大败，退据小山。戚家军一部从后路直抵小山，形成四面仰攻之势，并在北山竖起白旗，招降倭寇。数百名倭寇往旗下缴械投降。其余倭寇登上界岭拼死抵抗，戚家军登顶奋击，将其打败。

不久，倭寇又纠集两千余人，乘船在长沙登陆，企图抢占地盘，长期盘踞。戚继光决定采取水陆联合战术，包围长沙，并遣一路人马迂回长沙东南，焚烧倭寇的船只，切断其退路。然后，戚家军迅速逼近倭寇据点，倭寇匆忙迎战，被戚家军歼灭。当时，浙江其他明军已歼灭了进犯宁波、温州一带的倭寇。此后，倭寇未敢再大规模进犯台州等地，浙江地区的倭患基本荡平。

从宁海之战到长沙之战，台州之战历时一个月。台州之战的胜利打掉了倭寇的嚣张气焰，奠定了浙江抗倭战事的胜局，此后很长一段时间内浙江地区少有倭寇侵扰。台州大捷，也成为从抗倭到平倭的关键转折点，自此东南沿海抗倭形势发生了根本性改变。

台州之战是中国战争史上灵活用兵、以少胜多的典型战例。戚继光在作战中采取了集中兵力各个击破，先打危害重大之敌，再歼灭其余的战法，并且在关键时刻判断准确、机动迅速。这些对后世用兵有着深远的影响。

三、萨尔浒之战

萨尔浒之战是明与后金之间的一次重要战役，也是明与后金兴亡史上一个重要的转折点。此役后，明在与后金的军事对抗中失去了战略主动权，只能采取防御态势。

明神宗晚年沉湎酒色，对朝政疏于管理。围绕太子之争，朝廷内外陷入政治动荡。明神宗在位期间还发动了三场战争，导致国库空虚、百姓生活困苦。在此期间，在东北长白山一带却出现了一个逐渐强盛的政权，即由努尔哈赤建立的后金。

1618 年，努尔哈赤趁明朝党争激烈，边疆防务松弛之机，

努尔哈赤

对明朝用兵，并很快攻占抚顺等地。明神宗决定出兵反击。1619年，明朝集结精锐大军，由兵部侍郎杨镐担任统帅，分四路围剿后金。努尔哈赤得知消息后，迅速集中八旗力量，准备迎击明军。

按照计划，四路明军分进合击。然而，西路军将领杜松率军快速行进，导致西路军成了孤军。杜松军进至萨尔浒，兵分两路，主力驻扎在萨尔浒附近，杜松亲自率部分精兵进攻吉林崖。努尔哈赤见杜松军孤军深入，兵力分散，一面派兵增援吉林崖，一面亲率大军进攻驻扎在萨尔浒的杜松军主力。两军交战，杜松军主力被击溃，伤亡惨重，明西路军几乎全军覆没。

明朝北路军——马林军刚到萨尔浒东北，就听到了杜松军战败的消息。马林不敢继续前进，命令全军分三路就地扎营。为阻挡努尔哈赤军，他先让工兵在营地周围挖出三层战壕，把火器部队排在战壕外，把骑兵排在火器部队后方，随后让部将潘宗颜、龚念遂各自率领一万多人分屯于大营数里之外，与自己互为犄角。努尔哈赤率领八旗主力北上，攻击马林大军。两军混战，明军抵挡不住后金军的进攻势头，大败而逃。

努尔哈赤击败马林大军后，立即移兵，追击明东路刘綖大军。努尔哈赤命小部分后金兵冒充明军，诈称杜松大军已到达目的地。刘綎信以为真，轻装急进，结果中了埋伏，兵败身死，后续的明军也被后金军击败溃逃。

杨镐得知杜松、马林两军战败后，急忙传令南路的李如柏军回师。李如柏回师行动缓慢。后金军大声鼓噪发起冲击时，李如柏以为后金主力来攻，惊慌失措，所率大军溃逃。萨尔浒之战以明军的失败而宣告结束。

萨尔浒之战中，明军损失惨重，元气大伤。战争造成的巨大的军事开支使得明朝不断加重赋税，激化了国内的矛盾。此役后，明朝完全陷入被动，由进攻转为防御，而后金方面则由防御转为进攻，夺取了辽东战场的主动权。后金军的胜利，不但使其政权更趋稳固，而且为其后续扩张和最终推翻明朝奠定了基础。

四、松锦之战

松锦之战，是明朝军队与清朝军队在松山和锦州进行的一场大战。这场战役展现了皇太极渴望与明朝争夺天下的决心。

1635年，皇太极令多尔衮征讨察哈尔部。察哈尔部的额哲率民众归降，并献上了一枚传国宝玺。皇太极拿到这枚宝玺十分高兴，认为是上天授意他做君主。于是，1636年，他亲自拜天祭地，即皇帝位，改国号为清。

皇太极称帝后，积极为入主中原做准备。1640年，明军将领祖大寿被皇太极包围在锦州。1641年，为了摆脱困境，部分锦州守军突出重围，向朝廷求援。崇祯皇帝得报，立刻命蓟辽总督洪承畴率大军前去救援。很快，洪承畴率领援军到达松山。大战一触即发。

两军初战，清军失利。军报传到沈阳后，皇太极立即动身前往松山。经过一番深思熟虑，皇太极与诸将定下了对策：第一，包围明军在松山城北和乳峰山之间设立的七个营，同时派出骑兵从松山的东、西、北三面围攻明军；第二，切断明军粮道，引发明军恐慌；第三，包围锦州，打击来支援的明军，使松山与锦州的明军彼此孤立，无法呼应；第四，在明军退路上设伏。

军粮被抢，退路被截断，洪承畴所率明军陷入困境。为应对皇太极的进攻，洪承畴决定将所有兵力收缩到松山城内。很快，松山城内粮草短缺。洪承畴赶紧召集众人商量对策，最终决定兵分两路，趁夜色突围出去。可是，当天晚上，明军总兵王朴过于恐惧，未到突围时间就率军逃跑，致使明军阵脚大乱，自相踩踏而死的军士不计其数。洪承畴率军突围没有成功，只好退回松山城内。冲出城外的明军遭到清军的阻截和追击，伤亡惨重。

随后，皇太极大规模进军松山，要生擒洪承畴。松山城内粮草短缺，城外又没有援军，情况危急。洪承畴率城

中兵马多次突围，均未成功。松山城守副将夏承德不甘坐以待毙，遣人到清军中投降，许诺愿做内应。清军应约而来，由南城墙攻入，松山城陷落，洪承畴等人被俘。攻破松山城后，清军集中兵力攻打锦州城，明主将祖大寿率部投降。

松锦之战中，明军大败，山海关外诸险隘全部落入清军之手。松锦之战在清朝开国史上具有里程碑意义。它打破了明、清双方在辽西地区的军事僵局，促使清军转入新的战略进攻阶段，为其日后入主中原奠定了基础。

五、山海关大战

　　山海关大战是 1644 年清摄政王多尔衮与明总兵吴三桂合兵在山海关击败李自成军的战役。这场战役中，吴三桂投降清军，为清军打开了入主中原的大门。

1643 年，清太宗皇太极驾崩，他的幼子福临继位，是为顺治帝，多尔衮与济尔哈朗辅政。

　　1644 年正月，多尔衮以清朝皇帝的名义给李自成写了一封书信，邀请他共图中原，但李自成没有理会。三月，李自成的起义军攻陷北京。四月，多尔衮得知此消息后，决定接受洪承畴的建议，率军从密云与蓟州一带南下，直逼北京。

　　当时，明总兵吴三桂率领人马驻守宁远。在李自成攻打北京时，吴三桂奉崇祯皇帝之命进京护卫。然而，在进京途中，他就听闻京城已破，崇祯皇帝自杀身亡，所以只好率军重返山海关。

吴三桂回到山海关后，李自成让明朝降将唐通率领八千人马前去山海关招降。吴三桂考虑再三，决定接受李自成的招降条件。然而，吴三桂在向北京进发途中，遇到从北京逃出来的家人，并得知自己的父亲被起义军欺负，爱妾也被霸占。他气愤不已，于是拒绝归降，还袭击了唐通的人马。

李自成听说此事后，偕将军刘宗敏率军十万向山海关进发。吴三桂觉得自己打不赢李自成军，于是给多尔衮写了一封书信，承诺"裂土以酬"，请他派兵前来支援山海关。清军从连山、宁远一线奔赴山海关。

李自成军抵达山海关后，在石河西岸与吴三桂部形成对峙之势。李自成向吴三桂发出投降通牒，遭到拒绝后，一面令唐通、白广恩部去截断吴三桂的退路，一面带领主力猛攻山海关。李自成军利用居高临下的地形优势，猛攻城垣，迫使一部分守军投降。

吴三桂见山海关形势危急，

山海关

率领一支轻骑突出重围，直奔不远处的清军大营，向多尔衮跪降。多尔衮大喜，当即赐坐赐茶。随即，吴三桂按照清朝习俗剃发，正式归顺清廷。

多尔衮令吴三桂为先锋，先与李自成军交战。清军则分三路，从南水门、北水门、关中门进入山海关。吴三桂带军追战李自成军，与李自成军展开厮杀。李自成军损失大量兵力后，才终于将吴三桂军团团围住。这时，多尔衮令清军出击。李自成军猝不及防，阵脚大乱，很快溃败。李自成见败局已定，率余部边战边退，逃回北京。李自成回到北京后匆忙称帝，次日便往西安方向撤退。清军则正式进入北京。

经此一役，李自成军遭受重创，大顺政权快速衰败；而清军顺势进入山海关，开启了入主中原的进程。

六、郑成功收复台湾

郑成功收复台湾，是南明将领郑成功驱逐占据台湾的荷兰殖民者，成功收复台湾的战役。这场战役结束了荷兰东印度公司在台湾的经营，是中华民族反对外来侵略的重要一战。

1644 年，崇祯皇帝自杀身亡，清军正式入主北京。同年，一些明朝遗臣拥立福王为帝，在南京重新建立了明朝政权。1645 年，清军南下，很快攻破南京，福王被俘后遇害。不久，郑鸿逵、郑芝龙等人又拥戴唐王登基，即隆武帝。

隆武帝很喜欢郑芝龙的儿子郑森。他见到郑森后曾叹息着说，可惜自己没有一个女儿，否则会让她与郑森结为夫妇。他赐予郑森国姓"朱"，赐名"成功"。

1646 年，清军攻破福建，生擒了隆武帝。郑芝龙投降清廷。郑成功不愿降清，率领召集来的几千人马，在东南沿海地区坚持抗清。

1659年，郑成功率领大军进攻南京，被清军击败，之后率余部退回厦门。北伐南京失败后，郑成功意识到清军实力强劲，而己方在战后元气大伤，所以必须寻找一个能供养大军的根据地。1660年，有人建议他驱走荷兰殖民者，收复台湾，然后以台湾为根据地继续抗清，以及安置部下的家眷。

1661年，郑成功决定出兵，收复台湾。三月，郑成功率领众将士乘船向东横越台湾海峡。到达澎湖列岛后，郑成功令四名将领留守，自己率船队冒着暴风雨横渡，最终成功抵达鹿耳门港外。

要从外海进入台江有两条航路：一条是南航道，道宽水深，大船容易驶入，但港口有敌舰防守，陆上还有敌人的重炮；另一条是北航道，道窄水浅，只能容小舟通过，大船想要通过必须赶在涨潮时。郑成功掌握了鹿耳门的潮汛规律，即每月初一、十六两日为大潮，并利用四月初一大潮的时机，率大小战船顺利通过鹿耳门，躲开了荷兰军的火力，驶入台江。郑成功率军迅速登陆，包围了赤嵌城荷军，切断了赤嵌城与外界的联系。

赤嵌城荷军妄图凭借其船坚炮利和城堡坚固的优势，分三路实施反扑。郑成功命人从海、陆两面做好了应对荷军反扑的准备。最终，荷军海、陆作战均失败。郑成功随即加紧对赤嵌城的包围，切断了城内的水源供应。荷军见援兵无望，孤城难守，只能投降。郑成功收复了赤嵌城。

之后，郑成功命人前往台湾城劝城内荷军投降，遭到拒绝。台湾城城堡坚固，防御设施完整，不宜强攻，于是郑成功决定采取长期围城的策略，逼迫荷军投降。荷兰殖民当局得知赤嵌城荷军战败和台湾城被围的消息后，派兵前来救援，结果被郑成功击败。此后，荷军再也不敢与郑成功大军交战。

台湾城被围数月，城内荷军士气低落，一些士兵为求活命陆续向郑成功投降。但是，总督揆一仍拒绝投降。面对揆一的顽固抵抗，郑成功决定从围困转为进攻。郑成功军建造炮台，对台湾城发起猛烈轰击。荷军困守孤城，岌岌可危，最终揆一同意投降。荷军交出城堡、武器、物资，然后乘船撤离台湾。至此，荷兰侵略者在台湾的殖民统治宣告结束。

郑成功收复台湾是中华民族反对外来侵略的一次重大

胜利。这场战役，驱逐了荷兰殖民者，维护了中华民族的利益，捍卫了中国主权和领土的完整，具有极其重要的历史意义。

七、雅克萨之战

　　雅克萨之战，是清康熙时期，清朝军队驱逐沙俄侵略军的战役。清朝军队为收复雅克萨，对沙俄侵略军展开了两次围歼战，迫使沙俄侵略军撤往尼布楚。

　　17世纪上半叶，沙皇俄国国力迅速增强，急速向外扩张。17世纪中叶，沙俄侵略军开始窜入黑龙江流域。清朝平定"三藩之乱"期间，沙俄侵略军趁机侵占了中国尼布楚和雅克萨等地，并在那里设置工事，不断对黑龙江地区进行掠夺。康熙帝多次遣使与沙俄政府交涉，发出警告，均未奏效。于是，康熙帝准备用武力驱逐沙俄侵略军。为此，他采取了几项措施：命令清军侦察雅克萨的地形、敌情，随时掌握敌人情况；命令蒙古车臣汗部断绝与沙俄侵略军的贸易，以削弱其物资补给能力；加紧造船，保证军粮由松花江、黑龙江及时运抵前线。

　　1683 年，清军勒令盘踞在雅克萨等地的沙俄侵略军撤离。沙俄侵略军不但不予理睬，还率兵进至瑷珲劫掠。清军将其击败，并烧毁了沙俄侵略军在黑龙江下游建立的据点，使雅克萨成为孤城。但是，沙俄侵略军仍负隅顽抗。1685 年，康熙帝为了彻底消灭沙俄侵略军，命彭春赴瑷珲，负责指挥收复雅克萨的军事行动。

　　彭春统率清军，从瑷珲出发，分水、陆两路向雅克萨开进。清军抵达雅克萨后，当即向沙俄侵略军发出通牒，命他们撤走，但沙俄侵略军拒绝撤走。清军分水、陆两路列营，随后炮轰侵略军。沙俄侵略军伤亡甚重，遣使求和，要求在保留武装的条件下撤离雅克萨。彭春同意后，沙俄侵略军撤至尼布楚。清军焚毁雅克萨城防工事，然后撤退。

　　沙俄侵略军撤离雅克萨后，很不甘心，于是拼凑兵力，准备再次进犯。同年秋，沙俄政府派兵增援尼布楚。得知清军撤走，沙俄侵略军头目率军再次侵入雅克萨。1686 年，康熙接到奏报，极为愤慨，随即下令反击。清军进抵雅克萨城下，将雅克萨城包围，勒令沙俄侵略军投降，但他们不予理睬。随后，清军开始攻城，打死了沙俄侵略军的头目，但残余侵略军继续顽固抵抗。清军考虑到沙俄侵略军死守雅克萨，肯定是在等待援兵，于是在雅克萨城的南、北、东三面挖掘壕沟，在城西河上派战舰巡逻，切断敌人外援。经过攻城和围困后，沙俄侵略军战死、病死了大部分，仅剩几十人。沙俄政府赶紧向清政府请求撤围，并遣使议定边界。清军这才放沙俄侵略军残部撤往尼布楚。至此，雅克萨之战结束。

1689年9月7日，清政府与沙俄政府签订了《中俄尼布楚议界条约》，条约规定中、俄以额尔古纳河、格尔必齐河为界，再由格尔必齐河源沿外兴安岭往东至海，岭南属中国，岭北属俄国；乌第河和外兴安岭之间的地方暂定存放另议。

雅克萨之战的胜利，维护了国家主权和领土完整，对清朝的繁荣和稳定具有非常重要的作用。雅克萨之战的胜利，也显示了清朝的军事实力和外交智慧，一定程度上提升了清朝在国际交往中的形象和地位。